リッツ・カールトンで育まれたホスピタリティノート

丽思卡尔顿酒店的不传之秘

抓住人心的服务实践手册

丽思卡尔顿酒店日本分社原社长亲传

〔日〕高野登 著

王蕾 译

人民东方出版传媒
People's Oriental Publishing & Media
东方出版社
The Oriental Press

图字：01-2020-1826 号

Ritz-Carlton de Hagukumareta hospitality Note by Noboru Takano
Copyright © 2010 Noboru Takano
Simplified Chinese translation copyright © 2020 Oriental Press，All rights reserved
Original Japanese language edition published by KANKI PUBLISHING INC.
Simplified Chinese translation rights arranged with KANKI PUBLISHING INC.
through Hanhe International（HK）Co.，Ltd.

图书在版编目（CIP）数据

丽思卡尔顿酒店的不传之秘. 抓住人心的服务实践手册／（日）高野登 著；王蕾 译. —北
京：东方出版社，2020.7
（服务的细节；103）
ISBN 978-7-5207-1546-1

Ⅰ. ①丽… Ⅱ. ①高… ②王… Ⅲ. ①饭店—商业服务 Ⅳ. ①F719. 2

中国版本图书馆 CIP 数据核字（2020）第 087830 号

服务的细节 103：丽思卡尔顿酒店的不传之秘：抓住人心的服务实践手册
（FUWU DE XIJIE 103：LISIKAERDUNJIUDIAN DE BUCHUAN ZHI MI：ZHUAZHU RENXIN DE FUWU SHIJIAN SHOUCE）

作　　者：[日] 高野登
译　　者：王　蕾
责任编辑：崔雁行　高琛倩
出　　版：东方出版社
发　　行：人民东方出版传媒有限公司
地　　址：北京市朝阳区西坝河北里 51 号
邮　　编：100028
印　　刷：北京文昌阁彩色印刷有限责任公司
版　　次：2020 年 7 月第 1 版
印　　次：2020 年 7 月第 1 次印刷
开　　本：880 毫米×1230 毫米　1/32
印　　张：6. 25
字　　数：113 千字
书　　号：ISBN 978-7-5207-1546-1
定　　价：58. 00 元
发行电话：（010）85924663　85924644　85924641

滞销时代的畅销秘诀!

关键词正是"服务"。

将关怀与感恩之心转化为语言和行动!

只需改变一点点认知,无论工作还是人际交往都会大有起色。

致以践行服务为目标的工作达人们

通过酒店经营管理这一绝佳舞台，我有幸获得了结识诸多管理者、商务人士以及文艺工作者的机会。并且，从酒店行业领军者的身上，我也学到了不少东西。

在此过程中，我发现人们公认的一流人士均具有"三个共同点"。

·把对周围的关心体贴坚持到底

·持续激发下属或员工的工作热情

·保持乐观积极的心态享受工作和人生

总而言之，让自己和身边的人都能感受到幸福，无疑是这些"工作达人"的秘诀。实际上，这亦可谓是服务的出发点。

以丽思卡尔顿酒店的创始人霍斯特·舒尔茨先生为例，于我而言，和他共事的12年时光如珠玉般宝贵。他总是在合适的时机饱含热情地向大家传授心得，一旁的我耳濡目染，学到了许多知识和经验。

"我们的判断标准只有一个，即是否真正为了顾客。That is it!（仅此而已）。

我们所从事的并非酒店行业，而是提供服务，精心款待顾客的行业。

让员工做毫无远见的工作，是领导者可能犯下的最大过错。"

他的一言一语都被我珍重地记录在"服务手册"中，连同他热情洋溢的目光一起，牢牢印刻在我的内心深处。

他还曾说："我本人并不属于灵巧能干的类型，甚至可以说是笨拙的，也曾打翻过水杯、摔碎过盘子，有不少失败的经历。不过，我有一项特别的才能，那便是真诚地对待面前的顾客。让自己的心贴近顾客，享受与顾客的交流。"

包括我在内，全世界的舒尔茨崇拜者恐怕都是被他这种精神姿态——捕捉人们的情感、抓住顾客心灵的心理定位所吸引。

刚进公司时，舒尔茨先生曾这样教导我：

"人在工作中最感到开心的事情是什么？那便是身边的人能中肯地评价自己，分享自己的感受和想法，给予自己关注。

那么，什么时候最感到痛苦呢？无疑是发现所有的人都对自己漠不关心，无视自己的存在时。"

从这时起，"关心他人"便被我作为关键词记录在手册中，铭刻在内心深处。

　　美国的某家研究所曾进行过一项实验。在事先准备好的 3 个房间里，分别放置开放程度相同的花朵。对第一个房间的花朵频繁地表达赞美，比如"好漂亮啊。花开得真好"。对第二个房间的花朵，则用"好难看的花呀。完全派不上用场"等言语予以贬低。而对第三个房间的花朵则选择无视，除浇水的时间之外，完全不予理睬，任其自开自败。

　　经过多次的反复试验，结果发现第二个房间里遭到贬低的花朵最先枯萎，而持续被夸赞的花朵盛开时间最长。花朵在不被关注的情况下也会很快凋谢，而若通过交谈等方式表达关心，花朵会绽放得更加长久。

　　对我而言，这本"服务手册"是我从事酒店管理行业 35 年来的"感性宝箱"，由自己收获的珍贵教诲、经历的故事、自己的思考和感受等点点滴滴汇集而成。虽然内容不多，但从这本记录中依然能窥见自身的成长轨迹，并时时提醒自己回到服务的初衷。

　　"人的成长意味着服务愈发体贴细致，即重视对方的想法，真心相待，展示出交流倾听的姿态——这就是朝'幸福的工作达人'迈出的第一步。"

　　人与人在交流的过程中产生的热情体贴之心才是"悦客服

务（Hospitality）^注"的真谛。在人们之间的联系越来越稀薄的今天，我深切地感受到，所有的行业都在尝试加强这种感性联系。

再举一个例子。

培养我的恩师之一、纽约广场酒店（The Plaza New York）的总经理休斯先生曾说：

"顾客体验到的激动雀跃之感绝不可能超过酒店员工营造出的兴奋惊喜之情。"

要织就触动心灵的故事，我们必须先让自己在工作中感到快乐，度过幸福愉悦的工作时光。

为此，我们需要不断积累"动人的言语和美好的故事"——让自己的内心变得更加丰富、温柔、坚定。我想，这便是我们迈向极致服务的第一步。

2010 年 7 月
高野登

4

悦客

共情

款待

服务

难忘的

超值的

满意的

基本的

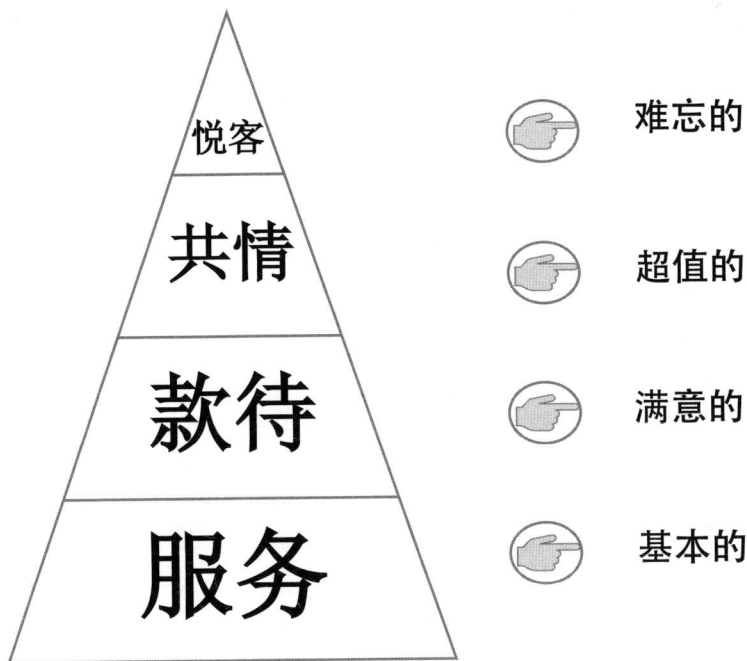

图1-1　服务境界金字塔

　　注：hospitality，在文中概括为"悦客"，"悦"在汉语中有"使愉悦"、"客"有"泛指人"的意思，除了特指顾客、客人（外部客人）外，还指为之提供服务的工作人员（内部客人）。"悦客"是指从心理上关心、关怀，从行为上提供主动支持、款待。核心理念是通过心理上预测客人未言明的需求，从行为上提供"惊喜服务"，强调无私、超预期和不求回报。作为结果，不仅使作为"外部顾客"的客人体验到愉悦，作为行为主体的"内部顾客"——服务人员也能从中体验到愉悦和满足。有的书翻译为"款待"，总有意犹未尽的感觉。"悦客"意思相对完整。

目 录

第 1 章　顾客即使得到满足也不会感动／001

无论多么精致豪华的服务，都无法轻易感动顾客。实际上，"满足"与"感动"属于完全不同的情感。并且，超越服务而诞生的感动，离不开服务提供者自身的感动共鸣。

第2章 专业服务人才应格外注重的要点 / 027

面对100位客人，要用100种方法提供服务。顾客的不满同样千差万别。发自内心的款待或服务不存在唯一正解。尽心竭力做好服务才是专业人才应有的态度。

第 3 章　成为善于打磨感性的人 / 059

服务——资历越长，是否越能博得顾客的青睐呢？当今时代，竞争逐渐由量向质转变，经验固然重要，个人的感性与热情更加不可或缺。

第4章 服务达人特有的"天线"与"雷达"/ 083

"天线"用于接收顾客发出的信息，"雷达"用于主动发射电波探寻顾客的需求。服务达人将这两项能力发挥到了十二分，在顾客开口言明之前，及时察觉并满足顾客的愿望和需求。

第5章 为他人创造幸福,首先要让自己成长 / 109

若员工满意度只有 5 分,又如何能为顾客提供 6 分的服务
呢? 员工在承受着巨大的心理压力,或对当前工作抱有不满的
状态下,绝不可能做到"为顾客创造幸福"。

第6章 服务始于人与人的对话 / 139

"十分感谢。有你帮忙真是太好了。"——服务的原点总有
来自顾客的"感谢"。这种互动无法从单方面的服务中产生。人
与人之间的温暖交流始于对话。

第1章

顾客即使得到满足
也不会感动

1.1

感动顾客的契机并非让其满足，
而是"故事"的诞生！

"满足的递进并非感动。满足之上不过是更大的满足。"这句话使我眼前一亮，不由自主地记录在自己的服务手册中。

若要通过服务的内容来提高顾客满意度，第二次的服务内容必须比第一次更丰富，之后的每一次设计都不得不比上一次更加充实。

举例来说，假设顾客对酒店准备的卫浴用品感到很满意，高兴地评价道："这次住的房间里准备了相当不错的洁面套装和洗发水，以前住的酒店里都没有，好开心。"

不过经历数次之后，类似的服务便显得司空见惯，很难再给顾客提供新鲜感和满足感。顾客也不会再为此感到惊喜。

若进一步增加新的服务项目，对服务内容予以升级，顾客的满意度或许会有所回升，感觉"服务还不错"。然而这不过是相同尝试的重演而已。顾客的感受和体验很容易发生改变，这着实给酒店行业带来了很大的麻烦。

不过，丽思卡尔顿别出心裁，将价值创造的关键词从"满足"转换为"纽带"。

从 CS（Customer Satisfaction：顾客满足）

转换为 CE（Customer Engagement：顾客纽带）

这是价值取向的巨大变化，即改变思维定式。

顾客在什么时候会被感动呢？我想，应该是以酒店为舞台，创造出"故事"的一瞬间。这与旅行的过程十分相似，充满动人故事的旅途，将成为人们一生的回忆。顾客之所以有难以忘怀的珍贵故事，是因为与酒店员工的心灵沟通，这与纽带（Engagement）的建立息息相关。打动顾客的并非指南上的服务项目，而是心灵的碰触。

比如女侍者的只言片语，海滩服务生赠送的野花，被首次光顾的酒店的员工准确地叫出名字……

这些微小的感动就像动听的音乐一般，无论经历几次，也不会让顾客心生厌倦。

1.2

这家三明治餐厅在经济萧条时的
纽约依然排满长队

纽约有一家名叫"SyeiSyei"的三明治专营餐厅，在萧条之风席卷整个曼哈顿时，这家餐厅却一直顾客盈门，店外经常排起长队。

店主的经营理念十分明确，即为顾客提供"优质的体验"。让顾客为店铺氛围之暖而感动，为服务品质之高而感叹，为食物味道之佳而感慨。展示出与顾客共同编织动人故事的姿态。

当顾客站到队伍后方时，服务员便会满脸微笑地走过来与顾客攀谈："刚才那位客人点的三明治叫作××，用撒了芝麻的面包作为原料。咬在嘴里能尝到芝麻特别的香味。"让顾客在排队的过程中对菜品有大致的了解，感受等待的乐趣。

来到店里的客人不仅仅是为了享用三明治。更是为了追寻片刻的动人时光，才从曼哈顿街区纷至沓来。

1.3

再好的服务也无法轻易打动顾客

社会上以"服务"为名的行业林林总总，如金融服务、流通服务、通信服务、行政服务等。并且，这些服务的内容均由"提供者"定义。

酒店行业当然也属于服务业，由酒店定义某些标准，为顾客提供满足标准的服务。酒店的类型多种多样，既有将服务内容定义为"提供简洁干净的客房"的商务酒店，也有以"提供高端品牌的客房用品和一流的餐饮服务"为宗旨的高级酒店。

要让全体员工彻底理解服务的内容，服务指南必不可少。因为指南的意义在于让员工具备"基本素养"。只有具备基本素养，才能作为一名合格的酒店员工独当一面。因此，许多酒店都会通过指南管理来提升服务品质，提高顾客满意度。

不过，不揣冒昧地说一句，顾客往往缺乏耐性、喜新厌旧。即使不断丰富服务的内容，顾客也会迅速习以为常，很快丧失新鲜感。

《丽思卡尔顿酒店的不传之秘：超越服务的瞬间》——这是我出版的第一本书的书名，超越服务的瞬间即是感动诞生的瞬间。这份感动无法基于顾客的满足而获得，满足之上不过是更大的满足而已。

那么顾客的感动究竟从何而来呢？

仅凭一句"欢迎光临"的服务用语，客人连表情的变化都吝于给予。然而，若将欢迎用语改成"您好！好久不见了。您身体还好吗？"，便能引发情感的波动。这便是让顾客萌发"感动"的瞬间。

换言之，感动便是在超越服务指南的感性舞台上，通过服务提供者与顾客之间产生的温情互动所产生的事物。并且，这份感动能够反复发挥作用。

1.4

衰落的百货商店……既未真正关注顾客，亦被顾客忽视

百货商店可谓是商品滞销时代的"行业代表"。曾经盛极一时的商业模式如今走向衰落，到底原因何在呢？

依我拙见，原因或许在于百货商店对市场变化的忽视。市场的变化主要体现在，人们产生购买意愿时，只想从特定的人手中购买商品的想法已不复存在，而百货商店在很大程度上忽视了顾客这一想法的重要性。我的一次经历恰好印证了这个看法。

当时，我受邀参加某百货商店的专业店长培训班。这家百货商店将"卖场"称为"买场"，意在为顾客提供购买商品的平台，而非销售商品的场所。这个创意让我眼前一亮，于是我对 50 名店长进行了采访。

"指名要大家服务的顾客，也就是脸和名字对得上的顾客，大概有多少人呢？至少有一千人吧，或者更多？"

"既然以买场为名，那么重点就不是简单的商品促销吧。针对每一名顾客，大家是如何改善服务，提高他们的购买意愿的呢？"

从采访结果来看，这些店长虽然经验颇丰，但真正记住的顾客最多不超过 50 人。这就说明店长的存在对于顾客而言也是可有可无的。"买场"不过是名称上的改变，其内核依然是将商品促销视为重中之重的"卖场"。

毫无疑问，当前市场的主导权已经从卖方转移至买方。效益较好的企业——以冲绳教育出版社和下一节将要介绍的 NETZ TOYOTA 南国公司为例——都有共通之处，即"拒绝卖力推销"，让顾客"自愿购买"。并且，从公司高层到经营现场，销售理念与行为均未出现背离，言行保持一致。这一点值得我们深思。

1.5

服务精神不仅限于服务行业

丰田的经销商 NETZ TOYOTA 南国公司位于四国高知县。2009 年，NETZ TOYOTA 南国公司的营业额较上一年度增长了 180%，震惊业界。从其他县或行业闻讯前来探寻其秘诀的访客自然络绎不绝。我也是其中之一。

这家企业虽说是汽车经销商，但员工看起来似乎对推销漫不经心，展厅里一辆车子也没有摆放！然而其回头客数量却绝对是同行中的佼佼者。我曾询问过横田英毅会长原因，他答道："可能是因为我们希望顾客买到一辆车后能够尽量用得长久吧。"通常来说，一辆车子用得越久，顾客的购买次数便越少，回头客数量理应随之减少。对此，横田会长这样向我解释：

"我们公司的一位修理工在接待顾客时，哪怕是已经用了七八年的车子，也会抱着'客人或许还舍不得这辆车，要让客人开得更久'的心态来提供服务。并教育其他年轻技工，'我们要做的不是修理汽车，而是治愈客人的内心'，'车子状态不好时，客人也会受车子的影响进而产生心理压力。所以说，我们的工作就是减轻客人的心理负担'。"

这位修理工的内心想法也切切实实地传递给了顾客，产生了良好的口碑效应。并且，不少顾客多次到店后逐渐成了南国公司的终身客户。

一位从未直接接触服务的幕后修理工竟然能说出这样的话，从服务层面来看，着实是了不起。

此外，NETZ TOYOTA 南国公司会把握内部安排或新车发布会等时机举办丰富多彩的活动。公司对各式各样的活动情有独钟，还会让员工们自由地参与策划。这些做法的真正用意在于增加员工在工作中的愉悦度和幸福感，打造一支真正强大的队伍，帮助每一位员工成长。这无疑也增强了员工与顾客之间的信任关系，形成了强韧的信任纽带。正因如此，NETZ TOYOTA 南国公司即使不在商品推销上花心思，也能让顾客主动购买，最终收获稳定的客户群。

1.6

让老人们产生带孙子去玩的想法——东京竟然有这样的区政府?!

不知各位是否听说过"定型化效应"这个词。若在大象幼年时，用铁链锁住象腿并将其拴在结实的木桩上，惊恐的小象会拼命挣扎，不断尝试挣脱，却无法撼动木桩分毫。几经反复后，小象便会放弃挣扎。如此一来，小象在成年后将继续陷入"无法逃离"的定型化思维枷锁中，即使被拴在不堪一击的小木桩上，也不再抵抗。

这是因为小象在挣扎的过程中意识到，"只要被拴住就无法挣脱，再怎么反复挣扎都是徒劳的"，并陷入这种思维枷锁中无法自拔。

那么，学习能力比小象高出数倍的我们能否打破思维枷锁呢？一旦形成"自己的能力、承受范围仅此而已"的思维定式，恐怕也会被狭隘的视野和缺乏灵活性的思维壁垒所束缚。

不过，也有极少数打破思维定式的例子。

如东京的荒川区政府。这里的工作人员主动转变意识，"自己的职责就是为改善全区人民生活提供支持"。尝试将区政府打造成一个让老人们忍不住萌生"干脆带孙子去区政府玩吧"等想法的场所。这在市政机关中可谓是前所未有的创举。

"这次的活动特别有意思，请您务必参加。"

"这项工作有专人负责，我马上带您过去。"

"有什么可以帮到您的吗?"

这样的对话不绝于耳，且人人笑容可掬。

在这里，人们感觉不到僵化的行政机关条框思维或"区政府的职能定义"等固定观念。

利用服务精神增强团队合作，能让大家轻松摆脱"自己的职务权限仅限于此"的思维束缚，有效打破思维定式造成的壁垒。

1.7

服务就是要用100种方法满足100位客人的需求

　　服务通常由提供方进行定义，服务品质的均衡统一是其基本要求。原因很简单，提供均等的服务才能要求相应的报酬。因此，我们需要不断积累经验，学习服务的方式和相关知识，掌握将服务指南付诸实践的能力。

　　不过，在实际工作中我们难免还是会碰壁。完全照搬服务指南无法让顾客感受到"体贴款待之心"，这是我们面对的严峻现实。

　　以前，大阪的丽思卡尔顿酒店曾接到一份委托，在大阪歌舞伎的表演过程中，为演员们制作并配送饭团。

　　对酒店而言，应对这样的委托可谓轻而易举。因为酒店有完备的外送服务指南可供参考。然而，这次服务的关键其实在于思考"演员们的需求究竟是什么"。

　　若仅仅用于果腹，提供普通的饭团即可。但若在表演过程中用餐，那么演员们的需求或许是"趁着做准备或换衣服的间隙迅速入口的东西""节约时间的食物"。若是如此，就要将饭团做成能单手取用的小块，方便入口，利于消化，避免给肠胃造成负担。且服务对象是味蕾挑剔的歌舞伎演员，食物不仅要外观好看，更要美味可口。

酒店经过细心思量，仿照寿司的模样，将饭团做成一口即食的大小，精心摆放在多层木制餐盒内。这些小饭团采用时令蔬菜制作，色彩丰富绚丽，餐盒被装点得如同宝石箱一般。

据说当时的歌舞伎休息室爆发出了阵阵欢呼声。

即使面对 100 位客人，只有用心倾听和思考每一位顾客的具体情况和想法，才能发现不同顾客的真正需求。

用心满足顾客的真实需求，是我们成长为专业型服务人才的关键。

1.8

工作中没有所谓的"杂事"或"杂务"。"杂"的其实是自己的内心

根据我自身的经验和反思，我们在开展工作时，经常会用一种极轻松的口吻，将"杂事"或"杂务"等词挂在嘴边。例如，对于新员工或兼职人员，我们通常会说：

"你们现在还是实习生，没法胜任人前的工作，先到幕后干点杂事吧。"

"今天的宴会杂活特别多。幸亏招了这么多兼职人员。这些活儿你们分着干吧。"

在东京的酒店接受培训期间，我不止一次听到这样的话。当时只疑惑"真是这样吗"，记忆中多多少少留下了些许异样感。

那么，所谓的"杂事""杂务"究竟是什么样的工作呢？

重要的工作若不用心去做则沦为"杂事"。

重要的人才若不精心使用则沦为"打杂"。

重要的岗位若不认真对待则沦为"杂务"。

我的异样感主要源自以上几个方面。若给工作冠以"杂事"之名，我们将很难对这份工作产生热爱。面对从事这份工作的自己，也不会萌生自信或自豪感。新来的员工内心也不可能产生"加油！我要好好干！"的豪情壮志。

想要员工精神饱满地投入工作，领导者必须掌握"表现力""感染力"等"说话技巧"。

"忙得团团转，正发愁呢，还好有你在，真是帮了大忙啦。谢谢你。工作的内容有点单调枯燥，反而更觉得累吧。不过今天把这些活儿干完的话，明天后厨就轻松多了。因为……"

用这种方式来表述，就能将"简单枯燥的工作"升华为有意义的"重要工作"，还能激发员工对面前的上司产生敬重之情。

1.9

未能传达给对方的"心意"相当于不存在

酒店的门童发现经常光顾的客人出现咳嗽的症状，或许会有如下对话。

"您感冒了吗？前台备有感冒药。"

"不是，天气干燥，嗓子有点疼而已，又没有发烧。"

"这样啊。请您多多保重。"

门童依然很担心这位熟客的身体状况，回到自己的工作岗位后，把事情告诉了自己的同事，大家也都很关心。

但对于这份关心，顾客却一无所知。

假设，立即在客人入住的房间里配备加湿器。

假设，在客人休息时，让服务员多准备一套睡衣，并叮嘱客人："担心您出虚汗，给您准备一套替换的。"

…………

当"心意"转变为"行动"，才能真正传达给顾客。

一流服务人才与专业服务人员之间若存在差距，可以说主要体现在"用行动将心意传达给顾客的能力"上。

这既是服务耐人寻味的地方，也是难以把握之处。

1.10

一株野草感动了顾客！

丽思卡尔顿酒店有一位名叫井上富纪子的客人。她曾决意在东京的丽思卡尔顿酒店开业之前，住遍全世界 21 个国家的 63 家丽思卡尔顿，并顺利实现了这一愿望。继而将自己的见闻写成了《丽思卡尔顿的 20 个秘密》一书。这位井上女士向我分享了下面的故事。

故事发生在埃及的丽思卡尔顿酒店。住宿期间，她像往常一样在泳池边休息时，一名服务生走过来对她说"这朵花开得很美，是专门为富纪子女士摘来的"，并将一朵插在空瓶里的花送给了她。这是服务生在上班途中偶然见到的野花。

对于井上女士来说，这朵野花比酒店主管每天配送到房间里的豪华花束更加动人，让人心中涌起阵阵暖意，成为她珍贵的回忆之一。

1.11

让员工产生自豪感的服务现场是指？

酒店的经营现场由门童、客房服务、前台、电话客服等不同部门的员工共同构成，他们代表着酒店的脸面。顾客会在与这些员工接触的过程中，对酒店的好坏进行判断。

也就是说，每一位员工的言谈或举止，都与酒店的品牌形象直接相关。无论是工作中充满幸福感、积极主动的员工，还是草草应付、言行粗陋的员工，顾客都能以敏锐的感性准确地捕捉到"酒店的形象"。酒店员工必须时刻留心这一点。

若说酒店存在让顾客观察到"真实模样"的时间段，那应该是在凌晨两点前后。原因很简单。到了深夜，酒店的运营主要依靠合同工或保洁公司等外部员工，几乎没有正式员工参与。正如卸妆后的女性一般，是露出真容的时间段（失礼了！）。

那么，酒店的真实模样意味着什么呢？

主要是指酒店的经营理念或方针策略有没有切实传达给合同工或兼职员工，是否出现白天的待客方式与深夜截然不同的情况，经营者的理念是否在 24 小时中随时与员工们共享。

以超高服务水准而闻名的川越胃肠医院位于埼玉县。一名与这家医院签约的保洁公司女性员工曾说道：

"要是在这里引发感染就太对不起患者了。院长和医院的名声也会受损。在我的职责范围内，决不允许发生这样的事情。"

自己的工作绝非简单的"清扫作业"，而是保持医院的清洁卫生，守护患者的健康。这名员工的认知与院长或正式职工达到了同样的高度，实在令人赞叹。

1.12

不需要指令的团队能超越服务

上一节介绍了以实现"患者和职工的满足与幸福"为目标的川越胃肠医院，本节仍以此为例。

我曾受邀参加某大型企业的高层进修班，对这家医院进行了参观考察。其中一位学员向现场的两名女性员工询问道："大家是如何按照指令系统推进工作的呢？"

然而这两名员工面面相觑，疑惑道："按照指令？"这时护士长出言解释道：

"我们这里的员工不需要依靠指令来开展工作。大家都是按照自己的思考主动推进工作的。"

川越胃肠医院的员工均按自己的想法行动，是一支"不需要指令"的队伍。我屡次造访这家医院，每次都能感受到它的独特之处：

- 医院内的氛围清新平和
- 员工的笑容极具感染力

· 全体员工积极敬业的团队意识

每一名员工都对医院的经营理念产生同感，认同其价值观，在全体员工的内心形成强大的"共鸣"。

以压倒性的医疗技术和信任为后盾，这支团队所提供的服务可谓非比寻常。

1.13

用音乐来比喻的话，普通服务（Service）如同交响乐，悦客服务（Hospitality）则像爵士乐！

过去，医疗界的核心价值在于绝对过硬的医疗技术和知识，患者的心情根本不在考虑范围之内。

从我个人的经历来看也是如此，医生具有绝对权威，浑身散发着"按照我说的做就肯定能治好，患者没必要知道那么多"的气息。医疗界内部的阶层更加固化，护士或普通员工根本不可能向医生提意见（据曾做过护士的妹妹所说）。

不过近年来，医疗现场的情况也在逐渐发生改变。医生在为患者诊断时，由"居高临下"的姿态转变为"平等对话"，倾听患者的心声，医院内部也开始打破部门间的壁垒，团队合作意识不断增强。

这些改变意味着什么呢？

　　因医疗事故或违法滥诉案件等引起社会关注的情况或许会有所增加。然而，若只按照医疗服务手册生搬硬套，不仅无法提高患者的满意度，医疗现场的员工对于工作价值的认同感也会走到极限，医疗界已经及时注意到了这一问题。

　　医生和员工们按照医疗服务手册一丝不苟地开展工作，可以用演奏交响乐来比喻。

　　与此相对，在医院或地方医疗等工作现场，也会基于强烈的信任关系产生意想不到的团队合作。如同演奏爵士乐一般，高超的演奏技巧与敏锐的感性碰撞后诞生绝妙的即兴演奏，产生内心的共鸣。

　　例如倾听患者与疾病无关的烦恼；为晚期癌症患者举办"香喷喷米饭聚餐"；将宠物犬带到病房里；搬运患者的遗体时，轻声提醒"前面要拐弯了，可能会有点晃啊"，等等。

　　希望患者能够笑着活到最后，真心帮助患者，一旦有了这种觉悟，医疗现场便能呈现出截然不同的工作场景。

第 **2** 章

专业服务人才应格外
注重的要点

2.1

满足于熟练工的人永远无法
成为专业人才

自以为认真工作，实际上并未真正投入工作的人不在少数。不愿意多加思考、以重复作业草草了事的情况十分常见。

酒店的工作以简单的重复作业居多，只要记住工作流程，完成起来并不困难。以服务生的工作为例。

假设 A 和 B 被分配到酒店餐厅工作。在这里学习点餐的方法、茶水的提供方式、后厨的下单方法、料理的上菜方式等。将整个流程记住后，便能做好"跑腿"的工作。

A 在 3 年间每天单纯地重复着"跑腿"的工作。B 则不断学习食材等相关知识，考取葡萄酒专家资格证书，认真思考如何向顾客推荐料理，全身心投入工作中，度过了 3 年时光。

两人的成长是否出现了差距呢？

若用尺子衡量的话，或许是 30 厘米与 1 米之间的差距吧。

只有谨慎思索有利于成长的因素并付诸行动的人，才能掌握此前不具备的感性能力。

　　还有一点值得注意的是，这些成长的差距在短短 3 年里并不会完全显现出来。表面上看起来两人都是普通的酒店员工。不过，B 通过踏踏实实的持续努力，从服务生的简单作业起步，将逐渐成长为专业人才。二者间的差距将在 10 年后变得一目了然。

　　"唉，那个时候要是我也能注意到这些事情就好了……"

　　即使 10 年后 A 发出感叹，也为时晚矣。

2.2

不可止步于熟练工，不可培养熟练工

我所居住的二次开发地区分布着各式各样的便利店。若将自己置于顾客的立场，可以发现许多细节。

"这个人浑身上下都散发着孤独感……"便利店里负责收银的员工偶尔会给我这样的感受。这名员工是如何看待顾客的呢？或许，顾客在他眼中并非活生生的人，而是像随风摆动的小草或电脑画面一样，不过是风景的一部分。与顾客对话就像和风景交谈一般，员工从一开始就不会产生对话的念头。因此其目光和整体氛围自然也会给人强烈的孤独感。

若从旁观察这名员工的工作状态，便可发现无论是收银还是便当加热等操作，他把关注点始终放在交给自己的手头任务上。

同样，顾客也不会产生与便利店员工交谈的想法，默默地排队，默默地付钱，默默地回家。整个过程中双方几乎没有任何对话或交流。

便利店行业也在发生变化，从敷衍应付式的普通服务向精心体贴式的悦客服务迈进，逐渐向创造价值型的思维模式转变。

以罗森便利店为例。罗森的待客方式发生了惊人的进化。收银员的工作状态也脱离了"熟练工水准"，朝着"专业人才水准"的方向发展。

悦客服务是指贴近对方的内心，用自己的真心实意尝试与对方交流对话，真正关心对方。若为顾客提供精心服务，双方之间便可能产生一条微小的纽带。

我常去的一家便利店是这样招呼顾客的：

"您要咖啡是吧？谢谢惠顾！需要加奶油和白砂糖吗？"

而另一家常去的位于银座的咖啡厅则不一样：

"您很喜欢享受咖啡的美味呢。今天还是点黑咖啡吗？"

两家店的价格都在 150 日元以内。那么究竟哪一家的咖啡让人感觉到更加美味呢？

2.3

最小的成果也应不吝付出最大的努力

昭和四十七年①，我在商业学校学习时，老师曾说过这样的话。

"日本商人的本质不在于轻轻松松地挣钱。即使可预见的成果再小，也会不吝付出最大的努力，这种精神贯穿始终。"

我在美国的酒店管理学业，从昭和四十九年②来到纽约时开始，正巧与日本的泡沫经济成长期相重合，这让我有机会从国外对日本国内进行观察。泡沫经济鼎盛期时的关键词是杠杆经营思维，即"利用最小的投资，获取最大的成果"。

酒店里也迎来了不少日本的投资家或企业家，常常见到他们高谈阔论的场景：

"那个高尔夫球场只要 230 亿日元，值得购进。"

"另外那一片也值得投资。两三年里至少能翻倍。"

---

① 1972 年。
② 1974 年。

纽约广场酒店附近的著名酒店——艾塞克斯豪斯酒店（Essex House）恰好也在这一时期被日本的航空公司收购。

随后，泡沫经济全面崩溃。

商业价值观再度回归。

"只有脚踏实地地付出努力，才能让顾客和员工获得幸福。"

商业价值观重新回到了昭和时代的原点。

自 1907 年开业以来，广场酒店一直注重推行这条价值理念。

"广场酒店发生的一切，都是有价值的。"

虽说是名牌酒店，在经济环境的影响下也曾陷入低谷。然而，凭借着屹立于服务业顶端的骄傲和自信，广场酒店始终坚守着这条价值观。无论看起来多么不起眼的小事，都能以全力以赴的姿态去面对。对于何为"企业真正的立身之本"，如何才能经历长期的历史考验，在广场酒店学习的三年时间，为我提供了冥思苦想的机会。

2.4

"好奇怪的想法呀"，收到这样的评价
其实值得高兴

丽思卡尔顿酒店的历史可以追溯到 1898 年，恺撒·里兹在巴黎创立了首家"里兹酒店"，第二年又在伦敦建立了"卡尔顿酒店"。对于投身酒店行业的人而言，恺撒是一个传奇，留下了许多传说。从当时的酒店环境来看，他的许多理念和源源不断的实践具有划时代的意义。例如，

· 用大量绚丽的花朵装饰酒店大堂

· 为所有的客房安装淋浴设施

· 提供可供选择的菜单

· 与员工共享顾客信息系统

等等，创造性举措不胜枚举。

那么，这些举措为何会让恺撒获得如此高的评价呢？原因在于思维方式的变革。

当时的酒店经营在大多数情况下，均从经营者的视角和立

场出发进行决策。这就意味着，顾客的个人情况或需求并不在考虑范围之内。

举例来说，当时的酒店餐饮以提供固定套餐为主流。说得极端一点，酒店可以根据自身和主厨的具体情况单方面决定提供给顾客的菜品。换言之，所供菜品的选择权掌握在酒店手中。与此相对，恺撒创造性地提出了可供选择的菜单，将选择菜品的权利让渡给顾客。

过去被酒店行业视为理所当然的服务模式，经过恺撒的创新，被置于"顾客的需求是什么"这一价值基准上重新审视。这在当时被人们看作异想天开。然而，到了今天，绝大部分创新已成为酒店服务的常识。恺撒的创新精神也成为丽思卡尔顿酒店的重要 DNA 而得以代代传承。

因此，在任何情况下，"丽思的人，想法还真奇怪呢"等评价对于丽思酒店的员工而言，均可视为最高级的褒奖。

2.5

磨刀不误砍柴工

"磨刀不误砍柴工"——这是全世界热卖 1500 万册的畅销书作者史蒂芬·柯维博士在《高效能人士的七个习惯》(*The 7 Habits of Highly Effective People*)中引用的话。这句话着实发人深省，是难得的名言。

以伐木的樵夫为例。细看之下锯子的锯齿已经出现了缺口和卷刃。有人发现后便出言提醒：

"把锯齿好好磨一下再砍怎么样?"

"太忙了，根本没时间磨呀。反正不赶紧砍的话就来不及了。"

在工作或生活中，也能经常听到这样的对话：

"最近怎么样?"

"哎呀，反正就是忙啊。"

这种忙碌状态究竟是"高生产率"的忙碌，还是"一个人团团转"的徒劳，需要我们认真思考。

在演讲结束后举办的联谊会上，我都会尽量与更多的人交流意见。

这时，便会有人对我说："哎呀，真是让人豁然开朗。您的演讲深入我心。虽然很想让全公司的员工都听一听，举办一次学习会之类的，但我们确实是太忙了，腾不出时间哪……"前半部分是恭维之词，后半部分的"太忙了"却需要警惕。

忙于眼前的业务工作，导致员工们没有学习的时间，这就剥夺了打磨员工"感性之刃"的机会。如此一来，可能会出现比真正的刀刃更棘手的问题。

与真正的刀刃不同，"感性之刃"看不见摸不着，无法掌握其磨损程度、生锈的情况，就会麻痹大意。

要激发员工雷厉风行的工作状态，需要我们暂且止步，拿出打磨感性之刃的勇气和觉悟。

这或许就是领导者必须具备的感性能力。

2.6

能否用自身的能量给身边的
伙伴带来活力？

1991 年我从旧金山调到洛杉矶的营业所时，担任老板的是曾任营销副总裁的雷欧·哈特先生。他从创业初期开始，便与霍斯特·舒尔茨先生一起，共同建立了丽思卡尔顿的基础。

营销策划及品牌打造等相关知识，我几乎都是从雷欧身上学到的。他酷爱阅读，熟读《孙子兵法》（*Art of War*）等书籍，对东洋思想也抱有极大的兴趣。此外，他与上一节介绍的柯维博士也相交甚笃，博士的著作《高效能人士的七个习惯》一书与德鲁克博士的著作一同被列为丽思卡尔顿的教科书。

雷欧曾是美式足球的运动名将，男女球迷众多。为人举止充满智慧，待人接物谦和有礼，且长相帅气，身材高大。因此人气极高。雷欧大受欢迎的秘密，从他出差时的做法也可窥见一斑。

究竟是怎么回事呢？

雷欧每逢出差，就一定会给我寄送明信片，并附上一句话："Hey，TAKA，what's up！（TAKA①，近来可好？）"

这一招真让我心服口服。看到这句话的瞬间，内心的活力开关便一下子开启了。

不知为何，收到明信片的一整天都能开心地度过。我能感受到他的心意，作为工作伙伴相互支持的安心感和自信源源不断地涌上心头。而且，虽然每逢他出差我都能收到明信片，但每次都能让我的内心为之振奋。

这无疑是可以反复发挥作用，雷欧独一无二的体贴表现。

---

① 作者高野登三字中"高"字的日文读法。

2.7

优秀的领导者并非"教师",而是
"激发可能性"的达人

近年来,在员工教育培训等场合,日本也开始频繁使用"指导(Coaching)"一词。自 1990 年我于美国入职丽思卡尔顿以来,这种培训方式在酒店内部就已经高度日常化了。虽然没有获取相关资格证书,但受上司的委托,我多次负责员工的指导,对于培训指导工作也已经习以为常了。

通过培训指导,我对教育的概念进行了深入思考。教育有两种表达方式。

即"教授(Teaching)"和"教育(Education)"。

在日本,学校里教授知识的老师属于前者。自上而下单方面传授知识,负责教授的人被称为"教师(Teacher)"。

而在美国社会,则更加重视"教育者(Educator)"的作用。"教育"含有"激发可能性"的意味。优秀的教育者在优秀的领导者中颇为常见。

我深切地感受到，美国的教育注重针对每一个人，尝试激发其更大的可能性，这种理念渗透在教育的各个方面。

2.8

惜言如金，成为开启对方心扉的人！

我在美国进修时遇到的老板或导师（Mentor）都是十分优秀的教育者。

他们的共同之处在于惜言如金，属于"用只言片语打开对方的心扉，并朝着正确方向引导"的达人。他们在耐心细致方面也很相似。

例如，当下属对自己的指令理解有误，出现工作失误时，他们从不会简单粗暴地加以指责。

"原来如此，还可以这样理解呀。我没注意到这一点。我也有责任，应该跟你好好沟通说明白的。下一个项目也打算交给你，到时候咱们好好确认一下细节。"

从下属的立场来看，经过这番解释，也不会产生"就是你的错，都怪你"的想法。反而会开启反省模式，意识到"自己也应该更细心一些"。并且，犯错之后还被委任下一项工作，无疑可以让下属更加干劲十足。

像这样，唤起对方内心深处沉睡的想法，彻底点燃对方的干劲，给予对方向前再迈一步的勇气，偶尔抚慰对方内心的伤痛……

在日本遇到的导师们同样个个都是运用语言的高手。"好好干"等鼓励性的话语，"干得不错"等慰劳性的言辞，可谓信手拈来。若语言使用得当，能赋予对方相互信赖的安心感。

即自己确实是备受关心的，自己的努力是被认可的，从而内心充满充实感。

由此可见，即使是只言片语，若能针对具体情况灵活应变，使用得宜，也能激发出员工更大的可能性，开启对方的心扉，促使其朝着正确的方向努力。

2.9

镜子照映出自己的同时也能反映问题

酒店里设置了许多面镜子。不仅是顾客目光所及的区域，员工活动场所也一定会安装大量的镜子。这些镜子虽然主要用来让员工检查自身的仪容或微笑等面部表情，但对于领导者而言，还有另一个重要用途。

即用于审视自己。

酒店是纠纷（问题）的"宝库"。这些问题大致可以分为两类：一类发生在表面，即顾客与酒店之间产生的纠纷。另一类问题发生在酒店内部。酒店行业属于人才集约型产业，员工数量众多，容易产生人际关系方面的纠纷。

一旦跻身管理层，难免会有感觉部门运转不畅的时候。例如指令传达不到位、活力不足、频繁出错、缺乏交流，甚至即使身为上司的自己发号施令，下属却拒不执行，等等。

出现这些问题时，我们无意中便会将矛头指向对方，将责任推给下属，指责下属工作不够努力，等等。

下属拒绝听从指挥的原因何在呢？

虽然听见了上司的指令，却没有真正听进去。那么，我们一般会听谁的话呢？

自己信任的人、尊敬的人，以及喜欢的人。

有一点值得我们注意。下属不愿意听从指令时，其实是在传达"你说的话我不想听"的信息。

镜子里映射出的其实是自己。

我们应该将矛头对准自己。面对镜子，谦逊地对自己说："原因或许在你身上。"

领导者的成长刻度向上延伸的表现之一，便是自我审视的勇气产生的瞬间。

2.10

是否传达正确的信息，是否正确地
传达给对方

办公室的氛围让人感觉压抑沉闷时，上司与同事之间发生摩擦时，我们倾向于在"自身之外"寻找原因。而且事实上，问题出在旁人身上的情况也确实很常见。虽说如此，若只要自己表达正确的观点，人们就能采取正确的行动，让团队氛围变得健康明快，那该多么令人欣喜呀。

然而现实并非如此简单，表达正确的言论虽然让人心情舒畅，但社会并不会因此有所改变。人真是一种既复杂且麻烦的生物。即便是正确的言论，不同的人来表达也会产生不同的效果，产生让对方"用耳朵听"或"用心倾听"的区别。

昭和时代的企业战士姑且不论，在如今的商业世界，对上司绝对服从的情况仿佛是一句梦话，几乎不复存在。自己的人际关系是否基于"信任"而构建，这才是一切的出发点。

因此，对于自己构筑的人际关系，我们可以尝试定期进行清点。在此基础上，拒绝拘泥于"传达正确的信息"，不断磨炼自身"正确地传达"信息的感性能力，将正确的信息实实在在地传达给对方。

2.11

主动消除不满（投诉）能让自己更轻松

"对于难缠的顾客而言，酒店就像一个宝藏堆。"

这是我在美国参加危机管理顾问的进修课程时，讲师给出的评论。事实上也确实如此。例如下雨天在门厅处摔倒，汤里喝出了钉子（怎么可能!），婚礼当天房间的锁坏了，吹风机把头发烫焦了……这些仅在纽约经历的事件，都会成为顾客投诉的原材料。

并且，近年来，或许是受电视节目等影响，不仅是投诉大国美国，不少日本人也抱着游戏的心态轻易将"投诉"二字挂在嘴边。可想而知，包括我在内，被"我一定要投诉你"等声音包围的酒店从业人员绝不在少数。

在任何情况下都可能遭受顾客的投诉，确实让人灰心丧气。即使理智告诉我们顾客的不满主要是针对企业，顾客发泄不满的对象却是面前的自己。

"到底是怎么回事?""你们好好解释清楚!""你们到底有

没有诚意!"

这些质疑给人一种陷入人身攻击的错觉，进而会承受一定的精神压力。

不过，我们必须牢牢记住一点，发生纠纷时最痛苦的人究竟是谁？其实还是顾客。

我们为何会对顾客的投诉避之不及？这一点值得深思。

原因很简单。我们总是在忐忑不安中等待顾客的不满找上门。

那么，若我们主动去消除潜在的不满又会如何呢？无论是营销部，还是前台或餐厅，各部门都以真挚诚恳的态度，主动询问顾客的意见。

"无论任何意见或建议，若您发现我们有待改善之处，还望不吝赐教。"

一句简单的询问，就能让顾客更容易地吐露内心的不满，酒店也能以建议的形式予以采纳。这便是实现一次小小的思维转换的瞬间。

2.12

3次投诉里隐藏着100人的不满

"投诉（Claim）即是机会（Opportunity）。"

这是自 1983 年创立以来，丽思卡尔顿一直坚守的价值理念。

顾客投诉酒店，对于酒店而言，具有三个积极影响。

第一点，告知我们酒店存在的不足。即便有 100 名顾客感到不满，实际将其说出口的最多不超过 3 人。在大多数情况下，顾客只会在内心默默地抱怨"太不满意了。以后再也不来这里了"，并拒绝再度光临。没有遭到顾客的投诉并不意味着顾客心满意足。要维持良好的客户关系，营造便于顾客表达不满的氛围其实尤为重要。

第二点，通过正确处理顾客的投诉，向顾客展示企业的态度。在此过程中，或许还能与顾客之间产生强烈的纽带。不同于过去带着点心盒上门向顾客赔礼道歉的形式，现在的处理方式是对投诉内容展开调查，研究应对之策，并向顾客仔细说明，获得顾客的认可。合理地解决顾客投诉，甚至能与顾客构筑更强的信任关系。

最后是第三点，接到投诉时内心虽然不好受，但不逃避问题，真诚地直面问题的员工，能赢得同事的肯定和尊敬。员工本人通过认真处理顾客反映的问题，也能获得顾客的信任，并抓住机会从中体会到工作带来的"快乐"。

这些不仅关系到员工本人内心的成长和专业工作技能的提升，还能磨炼员工的感性能力。

2.13

拿出勇气和决心，捕捉眼前的风景，培养自身的感性能力

2008 年 9 月，雷曼事件爆发。

酒店行业因此遭受了巨大的打击。

"宴席取消了将近 6 成……再这样下去要倒闭……"

"人工成本太高了。得想办法裁员熬过去啊……"

"食材和消耗品的成本必须彻底裁减……"

媒体将其称为"百年不遇的大萧条"来煽风点火。经济评论家利用"这还只是开篇，真正的考研还在后面"等言论引发不安。电视上频繁播放着派遣员工①惨遭辞退的影像。

整个产业界可谓哀鸿遍野。

在这种时候，人们的钱包又会如何呢？恐怕会像紧闭的珍珠贝一样牢牢收口，无法轻易撬开。

---

① 派遣员工：派遣公司根据用工单位的需求通过招聘、筛选后派遣到用工单位工作的员工，与派遣公司建立劳动关系。

而人们首先想到的节约对象就是被视为"奢侈享受"的下馆子、购物以及旅行。旅行又包括观光、美食和酒店住宿等内容。

人们若不外出，"金钱血液"便无法向酒店行业输送，从而导致"贫血"。

雷曼事件发生一个月后，约 40 名佛罗里达地区的高层领导被召集在一起，召开了整整三天会议。大家不知是何缘故，内心十分忐忑不安。然而，丽思卡尔顿总裁库珀先生的一番言辞，大大出乎大家的意料。

"时局确实很艰难。但这是一个充满机遇的时代，也是一个有趣的时代。在时代的洪流之下，只有货真价实的事物才能留下来，徒有其表（Fake）的东西都将被淘汰。现在是考验我们能否看透本质的时刻。风平浪静的大海锻造不出刚毅坚强的水手。我们要把握这次机会，打磨自身的营销品位和感性能力。这次，让我们大家共同来感受乘风破浪、披荆斩棘的妙趣吧！"

听了这样一席话，在座的高层领导顿时士气高涨。只要企业哲学之锚紧握在手，无论前方风景如何都能以积极拼搏的心态面对。

领导者的勇气与决心应当如何体现，推动团队运作的力量何在，在三天时间里得到了充分学习。

2.14

市场和社会环境变化莫测。商业
冲浪时代已经到来！

　　这里要问各位读者一个问题：与其他运动项目相比，冲浪
运动有何截然不同之处呢？

　　答案在自己的脚下，即"运动场地"是不断晃动的。或许
您会认为冲浪是海上运动，晃动是理所当然的，但田径比赛、
棒球、足球等其他运动，甚至冬季运动，均要求地面（场地）
稳定不动，以场地的稳定性为前提来制订运动计划。唯有冲浪
运动以活动的场地为前提条件。

　　酒店行业也从很久以前开始，便以美国为中心，迈入了
"商业冲浪（Surfing）"时代。当人们误认为商业场地（市场）
一成不变、纹丝不动时，全球大型企业之一的雷曼兄弟却在一
夜之间化为乌有。从全世界来看，仅丽思集团就损失了数亿日
元的收益。雷曼事件象征着市场和社会环境急剧变化的"商业
冲浪"时代已经到来。

过去，企业还能订五年计划。现在，我们连一年之后的形势也无法预测。在这个时代，一旦不能判断海浪的高度而失去平衡，立即就会被大海吞没。

企业的核心词也从"成长（Growth）"转变为"生存（Survival）"。

那么，究竟怎么做才能在这个变化无常的时代屹立不倒呢？

·第 1 条，铸就在风浪中岿然不动的企业哲学（船锚）

·第 2 条，唤醒员工的自立之心，强化员工独立思考、积极行动的体质

·第 3 条，转变价值创造的思维方式，致力于赢得顾客的绝对支持

我想，以上几点是必不可少的。

并且，员工及相关从业人员必须以诚挚的态度对待顾客，即"服务精神"也是企业最重要的核心词之一。

2.15

思考核心价值（Core Value）与附加价值（Added Value）是否本末倒置

事情发生在我因企业研修前往大阪的南港地区时。南港虽是桥下府知事①迁移府厅的候选地区，但作为开发地区的常见问题之一，南港的道路交通建设让出租车司机头痛不已。

我于深夜从新大阪车站打车，司机是一位典型的"大阪老好人"。十分健谈，从好吃的章鱼烧小店开始，聊到观赏夜景的最佳场所，并特意放慢车速便于我欣赏，最后甚至还讲到了"浪花格斗集团"的逸事。

整个过程虽然十分愉快，唯有一个问题。

司机迷路了，一直找不到酒店。

虽然抵达了酒店附近，但总是在反复兜圈，陷入困境中无法脱身（大阪人将这种情况比喻成"陷入壶中"）。

---

① 知事：日本都、道、府、县行政区的首长。桥下指时任大阪府知事的桥下彻。

司机："平时不会发生这种事情啊。"

我："您经常来这一带吗？"

司机："晚上不好认路，来得很少。要是周围再亮一点的话就能看清了。"

我："这边确实很暗。能不能找到酒店哪？"

司机："……去那边找找看吧。"

我："……"

最终，经历30分钟左右的南港地区观光之旅后，我总算到了凯悦酒店（HYATT）。

实在是一次感慨良多的体验。

人们在什么时候对附加价值（司机的热情笑容或说话技巧）进行评价呢？

只有当核心价值（以最快速度到达目的地）得以真正实现或具有能够实现的可靠性时。

我想这才是应该摆在第一位的。

坐在四处寻找酒店位置的出租车里，我脑海中浮现了两个人的面容，一位是以卓越的创新能力而著称的"伊那食品工业"的塚越宽会长，另一位是以出血少的精湛手术技巧赢得护士尊敬的"川越胃肠医院"的望月智行院长。

第3章

成为善于打磨感性的人

3.1

利用每天的班前例会（Line Up）
分享心得

　　班前例会（Line Up）是丽思卡尔顿酒店的特色管理体制之一。班前例会类似于晨会，酒店采取轮班制，除了早班之外，还有中班和晚班。利用各个班组正式开始工作前的 20 分钟，相互分享价值理念和心得。这便是 Line Up。

　　这种形式看似十分不起眼，却是丽思卡尔顿数个特色管理体制中最重要的一项。原因很简单，Line Up 能够培育企业的文化土壤，促进企业价值理念进一步渗透。对于"品质承诺（Commitment to Quality）"这一全体员工共通的课题，通过每天的心得分享，孕育并强化员工对企业或团队的连带感和归属感。

　　另外，Line Up 的关键在于"每天举办"。每周一次或每月一次都不行，必须日复一日、锲而不舍地坚持，才能将其转变为真正的力量。当然，避免 Line Up 流于形式的设计和努力同样必不可少。集团总部的质量管理部门会从全世界的丽思卡尔顿酒店收集用于 Line Up 的素材信息，包括顾客寄来的信件、服务现场诞生的动人故事、新开张的酒店信息等。这些素材将与每周的"品质管理课题"一同作为研习资料，通过网络途径发送给所有员工。

在世界各地工作的 4 万多名丽思员工，将在同一天，分享或讨论同一课题、同一信息，由此增强员工之间的连带感。这也是让员工切实感受到自己作为丽思卡尔顿大家庭一员的喜悦和自豪的重要时刻。

3.2

惊喜故事（Wow Story）是滋润
心灵的养料

上一节对丽思卡尔顿每天举办的 20 分钟左右的 Line Up 进行了介绍。在此过程中，每周还会与员工分享两次由总部精心挑选的"惊喜故事（Wow Story）"。Wow Story 是指让人不禁发出"哇"等感叹之声的动人故事。另外，各地的酒店也会收到顾客表达感谢或感动等心意的入住体验信件或邮件。这些"故事"是滋养员工心灵的重要养料。

举个例子，我曾收到这样一封邮件：

……事情发生在周五后半夜的六本木。我们这群女人一看就是喝多了，错过了末班电车，并且打不到车而流落街头的醉酒难民。当时我们以为只要找到一家酒店就能打到车。对于明显并非酒店住客或一般顾客的我们，丽思卡尔顿的门童却立即微笑着询问道：

"您是在等出租车吗?"

"需要几台车呢?"

"外面很冷,请到里面坐着等吧。"

并帮我们拉开了厚重的酒店大门。

事实上,单纯地认为"只要找到酒店就能打到车",尝试借用附近酒店的出租车服务平台的经历,那天晚上并不是第一次。

不仅是东京,大阪、名古屋、纽约的大部分酒店询问的都是:

"您是我们酒店的客人吗?"

或者,

"您是要住宿吗?"

看到我从外面走进酒店,服务员通常都会问这样的问题。

没有询问此类问题的酒店,我印象里只有市中心的一家老牌酒店。即便如此,也没有关心我"是否需要打车"……

据说,这位客人在第二周,选择了丽思卡尔顿的餐厅作为自家公司举办午餐会议的会场。

3.3

企业哲学或理念应选择头脑共享，
还是内心共鸣？

丽思卡尔顿酒店强大的秘密在于，通过信条卡（参见《丽思卡尔顿酒店的不传之秘：超越服务的瞬间》），构筑引发全体员工内心"共鸣"的体制。

信条卡是一张由丽思卡尔顿的所有员工随身携带，集企业哲学和发展理念等精华于一体的卡片。

通常来说，企业的经营哲学或理念会在全体员工之间进行"共享"。且在大多数情况下，这些哲学或理念将在共享环节戛然而止。举办晨会时众人一同附和，将企业理念作为知识点记入脑海中。这一环节虽然确实很重要，但越是学习能力强的员工，越容易止步于用头脑去理解。那么，在员工理解并共享企业理念之后，在什么情况下才能引发员工的共鸣呢？

以丽思卡尔顿的"我们以绅士淑女的态度为绅士淑女们忠诚服务"这一座右铭为例。

假设在酒店常客的纪念日，联合同事及相关工作人员齐心协力为顾客准备一场小小的惊喜。这样能打动顾客，赢得顾客的感谢和信任。此时，员工感受到的成就感和充实感即为工作带来的喜悦。这是作为侍从（勤杂工）绝对无法体会的感受，是只有与顾客站在平等立场上的工作达人方可企及，且切身领会工作自豪感的境界。

这是将"理念"编织成动人"故事"的瞬间……

我想，这也是共鸣产生的瞬间。

动人的故事诞生得越多，内心的共鸣便越强烈。

这些故事在员工之间共享并传扬，又会逐渐成为创造新故事的原动力。

这便是上一节提及的丽思卡尔顿酒店"Wow Story"体制，是帮助员工内心成长的重要环节。

3.4

拿出站上拳击台的勇气！思考
真正的幸福！

"只有站上拳击台，才能一决胜负。站在拳击台上拼搏的人，无论结果如何，就其勇气和决心而言，已然与从旁说长道短的评论家们截然不同。"

"人的幸福在于达成目标时的喜悦，以及朝着目标发挥创造力，并为之付出不懈努力的过程。"

这是美国第 32 任总统富兰克林·罗斯福的名言。在丽思卡尔顿 Line Up 的 "今日名言" 分享环节中也频繁登场。

在日常工作中，我们经常会遇到各式各样的困难。作为领导者，从肩负责任的立场来看，在带领团队前进时偶尔也会感到力不从心，内心不由自主地会产生 "已经做得够多了，就这样吧" 等念头。

这时，我便会想起这句名言，并以此自我鼓励：站在拳击台上，竞技只进行了一半，绝不可以放弃。

3.5

孤绝时代的服务精神

我出生的故乡是长野县户隐村（时称）。村子位于深山之中，人口稀少，人口密度极低。不过，人与人之间的联系却十分紧密。老爷爷或老奶奶们的病情、家家户户农田的状况，甚至中学生们的恋爱故事，都知道得一清二楚。

在教育孩子时，人们会刻意避免指代个体，用"户隐村的孩子"代替"高野家的孩子"来培养集体意识，顽劣捣蛋的行为将遭到严厉训斥。考试得了 100 分时，会受到大家的表扬。早晚不主动跟长辈打招呼的行为更不会被纵容。虽然自由度之低有时令人厌烦，但人与人之间的亲密团结让人倍感安心。

我现在的住处位于东京一所居住了约 500 户家庭的公寓。人口密度极高。然而，同一楼层的住户每月打照面的次数屈指可数。或许连对方的家庭成员结构都不了解。早上在电梯里遇见其他楼层的亲子家庭时，即使主动打招呼，得到回应的概率也不过 5 成。有的父母甚至会将读幼儿园的孩子藏在身后，并小声嘱咐道："不可以和不认识的叔叔打招呼哦。"即便忍不住想反驳"难道不都是一个公寓的住户吗"，其实也不过是自己的一厢情愿而已。

不知从何时开始，东京已经变成了一座"处处孤独"的城市。人口密度虽居世界第一，一日之中却屡次能感受到人与人之间相互疏离的孤独感。

"孤独"一词包含了"孤高、孤立、孤绝"三层含义。而现在，"孤绝"的程度正在不断深化。即使参与经营社会生活，却找不到自己的归属感，始终处于漂浮不定状态的人也在逐渐增多。

正因为我们身处这样的孤绝时代，才必须将酒店打造成能让顾客感到温馨，勾起顾客怀旧情怀的场所。无论是一个人独自就餐，还是作为自我褒奖的一夜住宿，我们都应通过酒店这一栖身之所，让顾客享受一段静谧安宁的时光。

作为提供精心服务的舞台，酒店只有着眼于人与人之间的联系，才能发挥其真正的价值。

3.6

不可错过创造多样性的绝佳感性

"'冰融化了之后会变成□。'请在□内填入适当的词语"——这是某所小学的理科测试卷上实际考过的题目。正确答案是"水"。然而，有一名学生填写的答案却颇为与众不同：

"春天。"

不仅没有得分，这名学生还被老师狠狠批评了一顿。若是在丽思卡尔顿的面试上，这个答案绝对会博得一致的喝彩和青睐。

以"唯一的正确答案"来统一思想的教育，能培养顺从的人，在收到"向右转"的指令时，所有人便会一齐向右转。但如此一来，联想起"冰融化了春天就来了，小泥鳅和小鲫鱼都出来了"的丰富感性恐怕就会被扼杀在萌芽状态。

另外，当向日本的酒店从业人员询问"□肉□食，□内应该填什么词?"时,大部分人会立即回答"弱肉强食"或"烤肉定食①"。不过,若向在中东、近东工作的日本人同行们提相同的问题,他们则会立即回答:

"猪肉禁食。"

原因在于宗教方面对饮食的戒律。

若习惯性地以一成不变的价值观来理解事物,面对国际社会的多样性(Diversity),我们将很难培养接受程度较高的感性能力。

对于全球化时代的商务人士而言,灵活地接受不同的思维方式、习惯或观念的丰富感性是必不可少的要求。

仔细观察身边的日常风景,培育感性的线索其实就隐藏在日常的点点滴滴之中。

---

① 定食:日语指套餐。

3.7

用餐时的交谈也是服务精神的体现

如今，即使是身处同一间办公室的同事，在交流时选择用手机或电脑发信息的情况也越来越常见。不同楼层之间尚可理解，坐在隔板对面的同事甚至也发邮件交流。

"关于××，文件放在哪里呀？"

我们这一代人则会露出脸，问上一句："那个文件放在哪儿？"

邮件具有保留记录的优势。这一点可以理解。然而，若与身边的人也用邮件交流，现实中真正产生的对话就变得越来越少，这也是事实。

并且，在最近的相亲等活动上，"不知道该怎么聊天，插不上嘴，太麻烦了"等声音不绝于耳。

据说某所大学的食堂评价很差。在向学生们征集改善意见时，有人提出了这样的要求：

"希望在用餐过程中全面禁止交谈。"

"希望在桌子上设置隔板，让每个人都能在隐蔽环境下单独用餐。"

简言之，既不想看到他人愉快交谈的场景，也不愿意置身其中加深自己的孤独感。既然如此，不如创造一个平等的孤独空间，反而能让自己找到容身之所。面向隔板边打字边默默动嘴咀嚼的学生们……这让出身农家的我不禁联想到一种动物——被关在狭小的铁丝网里默默啄食的肉用仔鸡。

与用来果腹充饥的"食物"不同，"用餐"的过程是对自己接受动物或植物的生命馈赠表达谢意的重要时段。

"食"可以拆分为"人"和"良"二字，意在使人变得更好。

在紧张的工作间隙匆匆用餐的经历十分常见。即便如此，短暂的用餐时间依然能成为人们提高"接受大自然馈赠"的丰富感性，培育服务精神的重要时间。

3.8

由量向质转变的竞争时代所需的
感性能力是指？

将冷水持续加热，会产生什么样的变化呢？

冷水先会变成温水，进一步加热后，会变成热水。加热到
99℃后，冷水会变成烫伤手掌的高温热水。

若再往上升1℃，达到100℃时会发生什么呢？100℃是水的
沸点，水会变成水蒸气。这是我们在学校学习过的知识。

那么，水蒸气可以发挥怎样的作用呢？

没错，水蒸气能为蒸汽机车提供动力。

99℃的热水依然是液体状态，无法推动蒸汽机车。然而，
在100℃的气体状态下，便能成为蒸汽机车的动力。不过1℃之
差而已，二者的区别却大得出奇。

"量变引发质变。"这是所有的行业都熟知的名言。酒店行
业也不例外。假设A有5年经验，B有15年经验。在对两人的
能力进行推测时，通常以过去积累的经验或知识为判断依据。

然而现在，这些因素在不断发生变化。价值判断从经验或知识等"量"的因素转变为洞察力、见识以及智慧等"质"的因素。领导者尤其需要这种感性能力。

将知识转变为见识。

将见识转变为胆识。

从自己积累的知识中提炼出洞察事物的眼力，并以此为基础，掌握大胆预测事物走向的能力。我想，这便是顺利迎接未来的竞争时代所必不可少的感性能力。

3.9

自我表达与个人做法必须在充分
掌握服务指南之后！

大阪的丽思卡尔顿开业时，我与员工们进行了一番交谈。

"为客人提供服务时，我们需要融入自己特有的表达方式。一味地模仿前辈们是无法展现个人特色的。措辞得当与否，也会对顾客的心情产生影响，需要我们仔细斟酌。这是我们作为名门酒店一员的义务和骄傲。"

即使是资历尚浅的演员，在演绎接近自我"本色"的角色时也能得心应手。

作为舞台总导演的领导者必须准确把握员工的角色属性，合理进行角色分配和演技指导。员工也必须保持积极的工作态度，时刻思考"如何才能让顾客感觉更舒心"。若以这种热情主动的心态面对每天的工作，那么随着经验的不断积累，我们的表达"容器"也会逐渐增多，能够适应各种各样的角色。

不过，我们必须谨记，迈出第一步的关键在于彻底掌握服务指南的内容。能让现场的工作人员具备"提供服务的基本能力"的唯有服务指南。若用舞台来比喻,服务指南相当于脚本。认真研读脚本,牢牢记住所有的内容,才能将其向外表达。对于服务或营销等从业者而言,思考如何超越指南,提供具备个人特色服务的过程也与此相同。

花样滑冰选手浅田真央以绝对扎实的基础练习而闻名。顶级运动员大抵如此。要展现魅力四射、吸引众人的绝佳表演,脚踏实地的基础练习至关重要。

3.10

才能与感性的宽度决定服务的广度，
不断向上、持续向前

经日本儒学家介绍，在实业家及政治家等群体中间大受欢迎的中国古典著作《菜根谭》中，有这样的处世名言：

"把才能隐藏在笨拙之中，用谦虚来掩盖自己的锋芒，身处浊流依然保持清廉，以屈己忍让作为前进的步伐。[①]"

日本人将其作为应有的人生态度和处世之道而予以肯定。

我们不妨逆向进行思考。作为投身酒店行业的一员在美国进修时，我尝试将美国的价值观与上述处世之道进行比较。

开会时若不具备准确表达自己的知识、见解、经验或想法的能力，恐怕会被扣上"无能"的帽子。

集体攻克难题时，个体需要最大限度地贡献自己的智慧，依靠团队协作解决问题，并非个人表演。

---

① 原文为：藏巧于拙，用晦而明，寓清于浊，以屈为伸。

　　至于保持清廉的观点，美国的宗教观与日本的伦理观自然有所区别。两种观点都是正确的。

　　在以屈为伸的感性方面，日本和美国则有共通之处。英语中有"Bend before big jump（向前大步跳跃之前必须弯下腰）"的说法。在站得笔直的状态下无法施展跳跃的力量，这是日美共通的观念。

　　现在，日本的社会结构和市场模式已经发生了极大的变化。才能或知识已然不适合隐藏，应当结合自己的智慧发挥实际作用。加之见识和胆识相辅相成，不断积累工作成果，这才是现代的思维方式。

　　为此，磨炼自身的才能与感性可谓必不可少。跟随优秀的导师，接受新事物的刺激是十分有效的方式。在这个过程中，感性标尺会朝着 30 厘米、50 厘米、1 米的方向逐步向前延伸，能够表达的服务范围也将随之不断扩大，相信展现在我们眼前的风景也会焕然一新。

3.11

不满转化为感动的瞬间

"希望度假酒店的早餐能开启愉快的一天。"

这是所有旅行者共同的想法。

假设入住国外的度假酒店时，桌面上准备了马克杯和沉甸甸的咖啡壶。待客人往杯中倒满热腾腾的咖啡，加上浓郁的淡奶油，准备开怀畅饮时，却发现入口的咖啡是半温不热的，不禁产生"这是怎么回事"的疑惑：难道是服务员见咖啡壶还是满的，错将撤下去的壶又端了上来？顾客的不满由此涌上心头。想让人立刻换上新咖啡，服务员却一直没有注意到这一状况。顾客的不满将转变为怒火。难得的理想胜地也因此变得索然无味。

相反，假设服务员注意到顾客倒入马克杯中的咖啡完全没有减少，顾客的样子也不太对劲儿。于是立即近前询问："咖啡不合您的口味吗？"并在触碰到咖啡壶的瞬间意识到自己的失误。

"I am so sorry, sir!（先生，十分抱歉！）"服务员马上道歉，很快换上了热咖啡。

不仅如此，酒店厨师长也跟在服务员身后，为顾客端上满满一盘丹麦酥皮饼："我们工作出现了失误，实在是非常抱歉！这是我们酒店的招牌点心，请您务必品尝。"

顾客之前的不满与怒气顿时烟消云散。一流酒店的厨师长亲自过来致歉，并特意为自己烤制了点心，一段小插曲由此诞生。顾客的旅途回忆也因此愈发丰富多彩。

由此可见，顾客的情感指针是向不满的方向大幅度摆动，还是向满意的方向回转，其实只有一纸之隔。

员工若能时刻留心观察顾客的一举一动或内心想法，那么意料之外的失误亦可转变为满足或感动。

第 **4** 章

服务达人特有的"天线"与"雷达"

4.1

希望成为接球更多的选手

据说，对于想要成为什么样的选手这一问题，日本著名足球运动员中田英寿回答道："希望成为队友放心传球的选手。"接到大量传球的选手，既肩负着其他队友深厚的信任，也拥有更多展现自己的机会。然而，若没有足够的实力接住队友传球，或立即被对手夺走，想必无法成为队员们安心传球的对象。

这种情况也适用于职场。忙碌的人不知为何总会有做不完的工作。甚至有"着急的工作要交给忙碌的人"的俗语。工作虽然繁忙，却总能有条不紊地一一处理妥当。而且，整个工作过程显得轻松愉快，给人游刃有余之感。

达到这种境界其实很难。不过，认真地对待工作，不断努力拼搏的积极态度，能够激发身边同事产生"传球的冲动"。随着经验的不断积累，我们也能逐渐成长为令队友放心传球的对象。

这一过程不仅能提高工作处理能力，同时还能锤炼自身各方面的综合能力。

4.2

全力以赴的工作中蕴含感动！

"提起最能代表夏天的东西，首先想到的就是露天啤酒！"这样想的应该不止我一人吧。露天啤酒店有许多值得深思的地方。有的服务员能微笑着一口气端 10 杯以上的啤酒，高超的"名家技艺"让人看得目瞪口呆。酒桌上甚至还有顾客拍手叫好。究竟经过了多长时间的训练才能做到呢？

其次是生啤味道上的区别。"啤酒大师"（倒生啤高手的称号）倒的啤酒确实更美味。据说美味的诀窍在于泡沫的量和密度。看似普通的啤酒却不容小觑，要结合当天的气温、湿度、啤酒温度的细微区别，以及酒杯的冷却程度等因素选择合适的倒酒方法。这样才能倒出一杯极致美味的啤酒。只有花费数年时间与啤酒悉心对话的大师才能达到如此境界。

端啤酒的工作本身并不复杂。或许需要些许技巧，但只要反复练习，任何人都能轻松端起 6 杯左右的啤酒。

倒啤酒的工作谁都能胜任，由普通服务员兼任的情况居多。

不过，他们所倒的啤酒泡沫很快就会消失。因此风味也略逊一筹。

然而，能一口气端起 10 只啤酒杯的服务员与倒出泡沫持久美味啤酒的大师却让人感受到截然不同的魄力。他们面对工作时的认真态度与常人不同，从未将自己视为一般熟练工，而是以一流专业人才的自豪感对待工作。

无论是下班回家的公司职员，或是朝气蓬勃的年轻人们，大多都像我一样喝得醉醺醺的。即便如此，这些工作达人依然积极面对客人们或疲惫或兴奋的心绪，尝试为客人们营造一段最愉快的时光。

这是露天啤酒店员工与顾客之间的一期一会……

其实也是让人思考良多的空间。

4.3

是偶然间流行，还是凭实力大卖？

关于西雅图水手队棒球名将铃木一朗的逸闻趣事着实不少。接下来介绍的便是其中之一。

有一次，一朗意外击出了一支又高又远的二垒安打。普通的棒球运动员可能会雀跃道："打得漂亮。运气真好！"一朗的反应却出人意料，竟然暗道："糟糕！"

按理来说那一球绝不可能出现安打。因为意外击中球棒而形成安打的结果，但身体可能会误认为下次也能打出相同的好球，要是这样可就不妙了，据说一朗因此十分苦恼。

那么，企业的经营现场又如何呢？某种商品在海外市场取得了意料之外的反响，成为畅销商品的情况居然并不少见。因市场的偶然性而大受欢迎，甚至还获得了社长奖。

希望企业能磨炼出敏锐的感性，在拿到奖状时，内心及时拉响"糟糕！"的警钟。

4.4

服务达人都装有"天线"和"雷达"

从事销售或服务行业的一流员工平时便在努力磨炼自己的感性"天线"与"雷达"。

天线具有准确接收顾客所发信息的能力，雷达则具有主动搜寻信息的能力。

如果这些感性设备不能正常运转，信息的搜寻与接收便无从谈起。

不过，即使能够准确接收顾客发出的信息，若不了解如何将其与自身应采取的行动相结合，依然无法为顾客提供贴心的服务。优秀的员工能够兼顾二者间的平衡，不断提升两方面的能力。

另外，如何运用说话技巧从顾客身上获取充足的信息，也需要我们在日常工作中有意识地加以思考。

某次，一位顾客来到酒店宴会厅的衣帽间存放提包。衣帽间的一名女性员工注意到，客人在拿出名片夹时，轻轻地"啊"

了一声。

"怎么了?"

"我忘记往名片夹里补充名片了。这下糟了……"

"您大概还需要几张呢?"

"唔……大概还要 30 张。"

"您要是不介意纸张较薄的话,我帮您彩色复印出来吧。能借我几张名片做样本吗?"

5 分钟之后,她拿着彩印好的纸张和两把剪刀返回衣帽间,笑着对客人说:

"接下来,咱们一起把名片裁出来吧。"

当时这位顾客脸上露出的表情,您能想象吗?

而这只不过是丽思卡尔顿酒店里极为平常的一幕。

4.5

专业的表演毫无造作的痕迹

这个人好厉害！真是专业呀！让人发出此类感叹的人，大多反而不会散发出"我才是专家"的气息或气场。

上一节介绍了顾客忘带名片的小故事，而这里容易让人忽略的细节不仅仅是名片的制作，更重要的是在不给顾客造成压力或施恩抵触感的前提下，不着痕迹地拉近与顾客的距离。

这名女性员工完全可以在背后把名片复印、裁剪好之后再交给顾客。但如此一来，有可能让顾客留下"您看，我特意帮您做好了，收下吧"的印象，产生受到恩惠的心理负担。或让顾客感受到无声的批判："下次可别忘记啦，这位糊涂马虎的客人。"而简单的一句"咱们一起把名片裁出来吧"，再递上一把剪刀，便能打消客人的顾虑。

与顾客之间的交谈也更加轻松愉快。

"哎呀，我这个人，真是粗心大意。平时出门前都是老婆在门口帮我检查的,刚巧这几天她回娘家了……"

时而展现自己的细致体贴,时而弱化自身的存在感,对于想要成为"专业型"服务人才的员工而言,所有的表演都是一决胜负的战场。

4.6

服务的要素是微笑、清洁、明快

除了酒店行业之外，在拜访其他具有卓越服务精神的优秀企业时，我发现这些企业具有下述共同点：

· 员工的笑容灿烂，极具感染力

· 办公室或场地内的整理整顿贯穿始终

· 整体氛围洋溢着通透明快之感

丽思卡尔顿有一句用于提示员工所处立场的警句："保持微笑！我们在舞台上。"另外，"在酒店行业，清洁感（Cleanliness）优先于一切"也是创始人舒尔茨先生的口头禅之一。员工绽放的笑脸与清洁的工作环境中蕴含着照亮生命的巨大能量。

不过，有些团队散发出的能量与此截然相反。领导层的工作氛围黑暗压抑，不断向周围释放着"毒气"，整个职场杂乱无章。员工们神情麻木，脸上少有生机，工作积极性也不高。这样的职场必然是缺乏生命力的。

职场是我们度过大半人生的舞台。职场时光的好坏与否，决定了我们人生的质量。

缺乏生命力的团队将面临深刻的质疑。

4.7

做事若只图自己方便定然会摔跟头

阅读单口相声大师立川谈四楼写的书时，有些故事不禁让人发出"原来如此"的感叹，使我佩服得五体投地。

书里讲述了一个吃鳗鱼时发生的故事。一行人来到鳗鱼店门口时，却发现店门紧闭。入口处贴了一张纸，上面写着："致顾客。本店因故冒昧暂停营业。店主敬上。"

这种情况其实很常见，但立川大师的师兄文字助先生怒火中烧，询问弟子："有什么可写的吗?"接过弟子递上的钢笔之后，他将"敬上"二字改写成"失敬"，并在旁边添了一句："只图自己方便，有没有考虑过顾客的感受?文字助拜上。"据说店主第二天便特意打电话道歉："您说的确实在理……"

此后，每逢店铺临时停业，店主都会在"本店因故暂停营业"的旁边加上"对由此给您带来的不便，我们深表歉意"等字样。

着实让人眼前一亮。此类细节在餐厅或酒店的服务中反而容易被忽视。近来，有些地方甚至连暂停营业的贴纸都没有准备，仅仅利用网络广播草草告知。

顾客兴致勃勃地前去聚餐，却发现店门口张贴着："本店装修升级，暂停营业 2 个月。"即使向接待人员询问，也不过得到"已在主页上告知"的答复。然而，比起店铺轻飘飘的一纸公告，专程前往店铺的客人实际感受到的沮丧与失望恐怕要沉重得多。

像文字助先生一样直言不讳的顾客反而很少见，现实情况是，即使在单口相声之外的领域，内心默念"可恶。我绝对不会再来第二次"，从此断绝来往的顾客往往占多数。

这家鳗鱼店的店主也十分了不起，能够意识到顾客所提意见的难得可贵，并虚心予以接受。

谈及服务精神时，对于顾客不曾说出口的"不满"，我们也必须认真思考，积极应对。

4.8

检验最差项可发现最优选

"怎样才能提供更优质的服务呢?"

对于所有从事服务行业的人而言,这恐怕是一道永远无法解决的难题。

召开营销会议时,讨论往往围绕着"挖掘并准确把握顾客的需求,提供相应的商品或服务"等极为理所当然的内容进行。大家的思路会陷入死胡同状态。

大阪的丽思卡尔顿开业时,曾召开过一场别开生面的"逆向思维头脑风暴"。

"如何才能成为顾客厌恶的酒店员工呢?怎样做才能让顾客产生再也不来的想法呢?"

在一家居酒屋的角落里,大家展开了一场轻松愉快的讨论。

仿佛等待已久一般,所有人都迫不及待地打开了话匣子,接连发表意见,甚至让人产生当真想被顾客厌恶的错觉。

"穿着破损、脏污的制服为顾客服务。

不擦鞋子。鞋子的颜色与制服完全不搭。

饭后不刷牙便招待顾客。

指甲中残留污垢。

鼻毛或胡须不好好打理（男性）。

披头散发，发型不够利落清爽（女性）。

极少露出笑容或开朗的表情。

客人的盘子或杯子空了却装作没看见。

热食端上来是冷的，冷食端上来却是热的。

反复询问这是哪位客人点的餐。

注意到客人的视线却拒绝与之对视。

电话回复不及时，不能做到立即回复。

员工之间相互无视，工作氛围冷漠沉闷。"

大家迅速列出了约 200 条意见。

也就是说，比起良好的体验，让顾客产生糟糕体验的机会要多得多。

像这样，偶尔逆向假设最糟糕的情况，是把握卓越服务的具体形态，进一步优化服务的有效手段。

4.9

兴奋感能激发内心的能量

泡完澡之后悠闲地享受一杯啤酒，回顾一天的工作，虽然身体有些疲劳，内心却被"今天干得也很开心，太幸运了"的充实感所包围。

某一天的傍晚，我在下班前接到了这样一通电话。

"我刚刚到达成田机场。想先打个电话，向高野先生您表示感谢。这次的住宿体验真的太好了。真的十分感谢。稍后还要往家里打电话，下次再跟您详聊。再见。"

电话来自一位结束国外旅行返回日本的顾客。这位顾客刚刚抵达成田机场，并且在联系家人之前先给我打电话致谢。

作为一名酒店员工，我内心的激动之情简直难以言表。

珍惜与顾客之间的缘分和纽带，保持内心的激动与热情，我默默告诉自己"明天也要加油啊"，随后关掉了办公室的灯。

4. 10

弄懂"原则·原理与结构"能让员工
变得更强大

纽约的斯塔特勒希尔顿（当时）酒店是一家拥有 2200 间客房的巨型酒店。当时的酒店运营没有通过电脑，所有的环节均依靠人工操作。预约中心的信息通过电报的方式传递。酒店一天的工作从将预约信息录入台账开始。预约的追加、更改、取消等也是人工操作。入住手续的办理自不必说，客房的清扫情况均由前台统一管理，同样也是手工作业。VIP 客房的检查更加严格，用直径 60 厘米左右的铁环套着万能钥匙，员工将钥匙挂在脖子上，逐一对每个房间进行仔细检查。这些都是十分宝贵的经验。因电脑化办公而隐藏的运营模式因此清晰地展现在眼前。例如停电导致系统无法使用，或订单无法打印时，员工能够从容不迫地应对这些意外状况："手工制作一份就行了。"

在这个职场，我们能够学习到热情迎接顾客，确保顾客入住愉快、送别顾客等酒店运营的原理，以及支撑酒店顺利运行的具体结构。

4.11

守约 × 年数 = 信誉。一次失约便使辛苦建立的信誉毁于一旦

品牌对于丽思卡尔顿意味着什么？针对这个问题，我们给出了这样的答案：

"品牌意味着承诺（Promise）。"

为了构建良好的社会信誉，丽思卡尔顿一直以来便致力于向顾客传递守约的价值，从不违背顾客对"这家酒店肯定没问题"的期待。只有重视与顾客的约定，脚踏实地，不断努力，企业信誉才能逐步积累。因此，若问起"丽思卡尔顿的企业特质是什么"，我想答案应该是"脚踏实地"。

这原本是所有的行业都应遵守的准则。

"那家店的食材应该没问题。"

"那家公司的商品肯定信得过。"

这些企业长年以来忠实坚守着一份承诺，即"我们提供真实可信的商品"，并经过时间的反复检验，才能建立起品牌。

因此，品牌可以用下述公式来表示：

守约×年数＝信誉（品牌力量）。

那么，若公式中的"守约"为"0"，将会发生什么呢？根据二者相乘的结果，信誉也会变成"0"。即使是长时间积累起来的品牌力量，一次失约便能使之毁于一旦。

近几年来，许多著名老字号品牌逐渐从大家的视野中消失。因未能遵守与顾客之间的约定而导致停业的情况不在少数。

正因为如此，丽思卡尔顿才锲而不舍地将"品牌＝承诺"的价值观植入每一名员工的内心深处，使之成为员工本人自发坚守的信条。

4.12

大树的年轮、品牌等货真价实的事物
需要漫长的时间积累

新型流感大暴发时，大阪的多家酒店和餐厅遭受了巨大打击。然而，丽思卡尔顿的顾客却并未明显减少。许多前来就餐的顾客都说："这里一定没问题。"

顾客信得过酒店的依据究竟是什么呢？这里需要大家先思考一个问题：

"餐厅里最不卫生的东西是什么？"

是洗手间吗？还是厨房？或者是员工的头发？

答案其实是"菜单"。

因为菜单会拿到所有顾客的面前，任何人都可以接触到。无论是家庭聚餐还是朋友聚会，大家通常会凑在一起边翻看菜单边吵吵嚷嚷地讨论。即使鲜少开口的客人，嘴部也往往距离很近。不仅相互之间能感受到对方的气息，与员工交谈时也会产生唾液飞沫。

丽思卡尔顿的餐厅员工日常便格外注意菜单的清洁。摆上餐桌之前或撤下之后均会认真擦拭。顾客会在有意无意间观察这些细节。不过，若没有类似的事件发生，顾客们也未必会留意到。

而新型流感意外暴发了。即便如此，部分顾客依然希望能在外面的餐厅为孩子庆祝生日或为朋友庆贺。此时，顾客潜意识中浮现的，想必是餐厅员工每天仔细擦拭菜单的样子吧，并因此对丽思卡尔顿产生"那里肯定没问题"的信任感。

信任的构筑与长年累月脚踏实地的努力密不可分。正如树干随着年轮的生长变得越来越粗壮，品牌真正的价值也必须经历漫长的积累。

————————

4.13

人生是不公平的?! 人生不会背叛任何人,
自己的人生只会被自己辜负

朋友曾讲过这样一个故事。

为了去东京参加面试,A 和 B 都计划从长野乘坐新干线前往。但受台风影响,这趟新干线停运了。A 早上得知消息后,便打电话向对方咨询,希望将原定于当日下午进行的面试延期。

"受台风影响我下午无法赶到。能不能将今天的面试延期呢?"

"确实挺不容易的。那就改到下周的同一时间吧。"

"拜托了(啊,太好了。太幸运了)。"

A 打心底里松了一口气。

然而,B 采取了完全不同的行动。查了大量列车时刻表之后,B 发现从新潟走虽然需要多花一倍的时间,但勉强能赶上面试,于是果断前往。

并在最后一刻抵达面试会场。

"受台风影响稍微淋湿了，不过总算赶上了。"

面试官好奇地问道：

"没记错的话，你应该是来自长野县吧。听说受台风影响，那边的新干线不是停运了吗？"

"是呀，不过我发现可以从新潟走，实在是太幸运了。"

两个人都觉得自己非常幸运。

但两人看到的景象和做出的选择却截然不同。当 A 第二周赶来面试时，B 已经得到工作机会开始上班了。

机会公平地出现在两人面前。B 选择牢牢把握机会，拼命寻找前往东京的方法。A 则归咎于台风，让机会白白溜走。

人生就是不断选择的结果。

当机会来临时，如何看待和选择将是巨大的分水岭。

第5章

为他人创造幸福，首先要让自己成长

5.1

唯有做到切身体会，"CS 或 ES"才能成为珍视顾客的力量

某家酒店的全体员工大会上，总经理做出了这样一番陈述：

"去年，本公司的员工满意度（ES）在 10 分的满分中得到了 6 分，结果差强人意。今年，我们将以顾客满意度（CS）为焦点。希望大家再接再厉，将顾客满意度提高到 8 分。

"咱们酒店的宗旨是以顾客为中心，一切均从顾客的立场考虑。"

就第一条陈述，我想在酒店行业是难以成立的。原因很简单。

对于员工满意度只有 6 分左右的酒店员工而言，顾客满意度达到 8 分究竟意味着何种水准，其实是无从想象的。既然不能切身体会，该做些什么、具体怎么做也就无从谈起。

若酒店总经理发自内心地希望顾客满意度达到 8 分，首先必须努力使员工满意度达到 9 分。

其次，假设这位总经理每次在公司的经营会议上，开场便强调：

"上个月的住宿营业额是××。婚礼营业额是××。餐厅促销活动的营业额是××……"

这显然不是以顾客为中心的会议，而是营业额至上主义。若真正将顾客摆在首位，应该优先围绕顾客开展讨论。

同样地，假设公司口头上主张要善待员工，但员工丝毫没有感受到。

例如员工食堂饭菜难吃，内部尘土遍布，发展前景拒绝与员工共享，缺乏良好的进修、培训机会……

如此一来，员工们的内心会产生同一个念头："原来如此。咱们酒店实际主张的是营业额至上主义。CS 或 ES 均不是真正的目的所在，不过是提升营业额的手段而已。"

在这种情况下，员工的"天线"只会向营业额（顾客的钱包）瞄准，再也不会回归到纽带（顾客的内心）的建立上。

5.2

专业人才对待烦恼的态度与众不同，在烦恼的过程中完成自我进化

酒店服务的工作现场不可能总是一帆风顺。小风波或大风浪接连不断，此起彼伏。顾客的抱怨或投诉，与上司或下属之间的摩擦，公司内部的纠纷等，烦恼的种子数不胜数，仿佛杂草一般野蛮生长。

然而，遇到这种情况，专业人才能够有意识地迅速调整心态。正因为要面对同事、上司或顾客，工作的场所就一定会有烦恼。而且，烦恼的阶段尤其能促进自身的成长。他们拥有独特的感性——烦恼是锻炼自己的内心，强化自身"韧性"的可贵机会。另外，针对烦恼产生的源头，专业人才持有对其心怀感谢的勇气。做到这一步其实并不简单，体现了一种成熟理性的价值观。

每当自己的内心土壤上萌生以烦恼为名的杂草时，便立即在内心描绘清除杂草的具体画面，并在感受到工作的喜悦、避

近的惊喜、成长的欢欣时，迅速想象播种"美丽花草"的景象。哪怕只做到这一点，我们眼前呈现的风景也会焕然一新。

明治时期的思想家后藤静香的短诗所体现的价值观，在今天看来，也与一些新的价值观不谋而合：

老树

头顶烈风，根植深土

华盖成荫，丝丝凉意宛如泉涌

无论善恶，均给予休憩之所

哪怕是砍倒自己的樵夫，直至最后也为其遮荫挡雨

读罢，我不禁为之一振，作为在服务行业打拼的一员，这正是我们应具备的心态和感性。

5.3

清理内心潜藏的败兴"湿毛毯"

不知各位读者是否听说过美国人十分爱用的一句俚语"Wet Blanket（湿毛毯）"？

例如，企业策划会上有人提出了不错的方案，"这个想法不错！就按照这个方案来"，正当大家热情高涨地讨论时，有人却开口道："呃……以前尝试过类似的方案，结果完全不行。我记得当时……"仿佛盖在火焰上的湿毛毯一般，他的话立即熄灭了大家雀跃兴奋的情绪。

再比如隐藏在办公室的角落里暗暗观察大家的人。接触到这些人负面气场的瞬间，便会立即受到消极情绪的感染，顿时丧失工作动力。"湿毛毯"专指这些"败兴冷场的名人"。并且，"湿毛毯"在管理人员中颇为常见，因此"灭火"的威力也不容小觑。

不过，任何人的内心深处恐怕都隐藏着一两片类似的"湿毛毯"。"阳奉阴违"也是"湿毛毯"的表现之一，表面上遵从上级的指示，实际上却没有采取行动。

某家陷入业绩低谷的航空公司在苦苦挣扎时，临危受命的会长说了这样一番话，让我印象至深：

"公司目前的经营状况已经十分糟糕了，然而上至管理层下到普通员工，却完全没有危机感，一心觉得事情总会解决、总有人来解决。"

要在这个严酷的时代生存，就应毫无畏惧地进行公司内部变革。道理虽然正确，但仅仅停留在口号上，并未付诸行动。变革自然也无法实现。

内心深处隐藏的"湿毛毯"也会以"阳奉阴违"等形式浇熄热情之火。

美国的高人气 SF 电影①《捉鬼敢死队》（*Ghost Busters*）上映后，丽思卡尔顿借机在会场等场合设置了"湿毯粉碎机"的角色，一旦出现不恰当的"败兴"言论或泼冷水的人，便能及时阻止摩擦的产生，消除负面情绪的影响。

---

① SF：Science Fiction，科幻。

5.4

经理要正确对待工作，领导者要思考
什么才是正确的工作

柯维博士的名作《高效能人士的七个习惯》是丽思卡尔顿的教科书。书中阐述了经理与领导者之间的角色区别，在工作现场能切身体会。

举例来说，假设我们要在小岛上修一条通往山顶的道路，那么经理的作用主要是，将用于清理树枝、杂草等障碍的砍刀递给大家，并明确告知工作流程："大家注意，先砍树枝，再清理杂草！"

然而，明明工作流程无误，耗费很长时间，却始终无法抵达山顶。此时便需要领导者发挥作用，及时爬上大树的高处，并发出正确指令："糟了，小岛的位置搞错了！大家迅速转移目标，向旁边的小岛进发！"经理则按照领导的指示，组织大家朝旁边的小岛移动，继续按流程推进工作。这是经理与领导者原本的角色分工。

117

不过，若经理拒绝执行指令，表示："说什么呢，大家已经开始干活了。砍刀也很锋利。大家继续朝这座小岛的山顶前进!"事情又会如何呢？

即使拼命工作也无法提高业绩。出现这种情况时，我们需要停下脚步俯瞰全局的感性，反思自己是否处于正确的位置。

5.5

将烦恼暂时关进抽屉里

顾客的不满或纠纷是促进自身成长的肥料，虽然明白其中的道理，但偶尔内心实在难以接受。在客人接二连三光顾的情况下，带着负面情绪接待顾客又着实不妥。这时我们该怎么做呢？

下面是我一直以来坚持的转换技巧。

在自己的脑海里创造一个带 10 层抽屉的柜子。之后，遇到难以接受的严厉批评或顾客投诉时，打开柜子的抽屉将听到的内容暂时全部放进去。

"这个问题之后再仔细反省。现在必须集中精神优先处理眼前的工作，没时间陷在低落的情绪里。之后再从抽屉里拿出来慢慢思考。"

当然，在时间充足的情况下当场反思，并考虑下一步如何处理的做法更为妥当。不过，在大多数情况下，我们无法自由地分配时间。脑海中想象出的柜子便可在此时发挥作用。这并

119

非推卸或逃避责任，而是权宜之策。这些抽屉只在确实难以承受时打开，为自己的精神压力提供一个安放之所。

其实这个方法并非我的原创。

而是将某本杂志上刊登的第 42 任美国总统比尔·克林顿的独门技巧，经过自己的个性化加工而成的方法。据介绍，克林顿总统会在脑海中建立一个"问题文件夹（Problem File）"，专门用于处理外出期间频频遇到的各类问题。将这些问题暂时放入文件夹中，回到办公室之后再逐一处理。读到这篇报道后，我亲身进行了尝试。不过就我个人而言，抽屉比文件夹更容易想象，因此选择了柜子的形象。

专业意识虽然必不可少，但精神负担也会随之增加。难以承受之时将烦恼和压力暂时封存在抽屉里，我想也不失为一种良方。

5.6

"一定要不断向前努力"的想法
会带来更大的压力

顶级运动员的训练通常在给肌肉施加一定负担的情况下进行，强迫自己的肉体不断接近承受范围的极限。不过，若一味地只做高强度运动，肌肉将无法得到锻炼。肌肉纤维在运动中发生轻微的断裂，身体会在休息过程中逐渐修复损伤，修复后的肌肉纤维会变得更粗壮。通过运动→休息过程的反复循环，便可获得强有力的肌肉。因此，让运动过的肌肉得到充分休息也是不容忽视的重要环节。

职场人士的内心锻炼与此也有相似之处。即使要求员工"一定要时刻保持乐观向上的心态，积极面对人和事"，员工内心却并未达到相应的韧度。若一味地反复强调要努力、要向前，反而会给员工造成巨大的心理压力，导致消极情绪的产生。

给身体施加的负担一旦过度，只会让疼痛升级，致使肌肉失去柔韧性。如同在员工内心的裂痕修复之前，增添新的裂痕。

因此，我们偶尔需要从繁忙的工作中抽身，沉浸在自己的兴趣爱好中放松身心。

5.7

用"倾听"的姿态对待顾客

观察力与表现力是服务行业必备的重要能力。对待顾客自不必说，对同行或同事的关怀体贴在构筑良好的人际关系方面是不可或缺的感性能力。为此，观察力可谓至关重要。

其第一步在于体贴对方，展示用心倾听的姿态。当然不能漫不经心地听，必须集中精神认真聆听。

当我们全心全意地去倾听对方所说的话时，观察力也会得到出乎意料的提升。在倾听的过程中，对方的闪光点也将变得更加醒目。简而言之，我们需要通过观察力尽可能地发掘对方值得赞美之处。

不过，即使下定决心想要夸赞对方，若平时缺少语言或态度等表达方面的训练，真正做起来其实很困难。

有一则单口相声提到，对于被大家评价为"那家伙实在是没什么夸的"的对象，擅长夸奖的高手用一句"没人比他抽烟抽得更香"，让大家恍然大悟并深表赞同。

善于发现对方优点的观察力与表现力，只有养成时时关注周围、留心身边事物的习惯才能掌握。

有的女性拒绝美甲彩绘，只将指甲修剪得光洁齐整。指甲上虽然没有图案或色彩点缀，但只要注意到指甲上的美丽光泽，我们便可坦率地赞美："您的指甲看起来既健康又很有美感。"

这些细节将发挥润滑油的作用，或许还能为我们吸引更多的粉丝。

5.8

与其大肆扩张，不如缓慢成长，等待成熟的时机

外部看起来越是声势浩大的企业，越容易消失得无影无踪。

就我从事 35 年的酒店行业而言，急于扩张的企业往往只留下为数众多的"负遗产"。在美国，"Company Expansion（企业扩张/膨胀）"一词的使用频率在某个时期比"Company Growth（企业成长）"更高。仅从旅游行业来看，经过一番轰轰烈烈的扩张后迅速销声匿迹的酒店或旅游企业可谓数不胜数。

日本国内的情形也是如此。从银行借款（被迫贷款?），继而大肆扩建或改建，导致奇形怪状的温泉旅馆或酒店大量增加，有的结构之复杂甚至连酒店员工都会迷路。成长速度超过合理范围，最终宣告破产，如今形同废墟的酒店不在少数。

丽思卡尔顿酒店在泡沫经济时期其实也具备扩大酒店规模的实力。事实上，仅在日本国内，从南至北、从北路地区到京都，曾有多次洽谈合作的机会。然而，总部给出的结论

却是"No"。

坚守"要成为百年企业，必须谨慎设置成长速度"的基本理念，是丽思卡尔顿在泡沫经济中屹立不倒的秘密。

大型酒店集团在一夜之间新增 50 家分店、新招近千名员工的情况在过去颇为常见。然而如此一来，企业根本无法关注到每一名员工，很难打造提高员工幸福感的企业环境。

反过来想，人的成长其实如出一辙。不可急于求成，要慢慢地打磨自己。就像竹子生长出大量竹节，大树一点点镌刻年轮，静候自己成长为成熟商务人士的时机。我想，这才是成长原本的模样。

5.9

只有员工成长，企业才能成长

"只有员工成长了，企业才能成长。"

"企业的发展空间不可能超出领导者的胸怀。"

这两句话想必大家常有耳闻。那么，员工的成长究竟意味着什么？"领导者的胸怀"又是什么意思呢？

现在，鼓励式教育已成为人们普遍接受的价值观之一。丽思卡尔顿的"Wow Story"和"一流卡（First Class Card）"（参见《丽思卡尔顿酒店的不传之秘：超越服务的瞬间》）基本上也是聚焦员工的优点，增加内心营养，促进员工成长的机制。

然而容易忽视的另一种价值观是，百折不挠的精神意志的成长。不同于我们出生的昭和二十①年代，当今时代在物质方面应有尽有，任何东西都能到手。而父母与孩子、老师与孩子以及孩子之间的心灵碰撞和相互联系也在逐渐弱化。

---

① 1945 年。

在这种状态下，孩子们迟早要毕业并步入社会，离开学校的保护伞，不得不面对突如其来的风雨侵袭。在怪兽家长（Monster parent）[①]的溺爱下，在温室里娇生惯养的孩子，内心如同花草般脆弱，面对风雨的吹打实在不堪一击。而且往往一蹶不振，缺乏不挠不挠的顽强意志。被批评了一次就拒绝去上班，严重的甚至会因此陷入抑郁。

在这种时代背景下，管理者需要有意识地制造逆境，展示自己悉心培育员工的气度。

生气只不过是单纯的情感爆发，批评则是以期待对方成长为前提而灌注的能量。我们在批评时要将这种心意诚恳地传达给对方，彻底地进行批评教育。

员工的一生不可能一帆风顺，而平静无波的职业生涯也很难让人形成富足坚忍的心性。

仿佛被大雪压弯的竹子，在冰雪融化之后又会迅速悄然挺立。员工不屈不挠的强韧精神意志的培养，最终需要依靠领导者的素质水准，即气度胸怀和思想觉悟。

[①] 怪兽家长（Monster parent）：日造英语，以自我为中心，对学校提出无理要求，过分溺爱、保护孩子的家长。

5. 10

"认为自己做不到而放弃的人"与"认为自己肯定行而努力的人"都对自己的想法深信不疑

在新人培训或研修阶段，我发现，经常感慨"我现在还不行""对我来说还言之过早"的员工，在之后的工作中依然抱有"这对我来说还太早了"的想法。

相反，拥有"我能行，请交给我来做"等积极想法的人，会努力踮起脚尖向目标发起挑战。从结果来看，"虽然有点难，但咬咬牙还是做到了"，或者"关键时刻有人伸出了援手"，总能保持自信或得到旁人的帮助。

值得注意的是，认为自己做不到的人与认为自己能行的人都对自己深信不疑，在想法上的固执程度其实是一样的，所产生的能量总数也完全相同。既然如此，不如选择相信自己的成长，将所有的能量倾注在"相信自己"上，勇敢地发起挑战，反而能获得更好的结果。

此外，努力奋斗的姿态还能产生激发支持者的共鸣、主动提供帮助等效果。

5.11

将自然流逝的日常转变为
不断积累的日常

基于对自己的反省，我想人生来就是懒惰的。天生的勤奋者应该极为少见吧。

因此，一旦稍有懈怠便会立即朝轻松的方向放任自流。对待工作也是如此，积累了一些经验、掌握了些许诀窍之后，便会记住投机取巧的方法。然而，这种状态其实非常可怕。

若以漫不经心的应付心态对待工作，那么这些日常时光便毫无意义地流逝了。自己并无任何进步或成长。这就意味着，当周围的人都在逐渐进步时，自己便会落在后面。

在工作中崭露头角的人会时时自省，如何通过一天的工作让自己及周围的人有所成长。思考工作的意义，思考自己能为他人做些什么，度过有价值的一天。这样时光便不会白白流逝，而是真正沉淀下来，积蓄成力量。

可是，能这样度过一生的人少之又少。因此也格外珍贵。这也是我们拼命寻找优秀的导师，接触并学习其处世态度的意义所在。

5.12

灵活思考员工满意度与顾客满意度

丽思卡尔顿的使命是"为社会创造价值"。这是企业存在的理由。丽思卡尔顿对社会的定义有三层。

· 排在第一的是公司员工及其家人

· 排在第二的是合伙人（交易商）及其家人

· 排在第三的是在丽思卡尔顿实际消费的顾客

理想状态是保持上述优先度排序，顺利开展每天的工作。

不过，在实际的服务现场，若过于追求员工满意度，导致无法为顾客提供相应的服务，这种排序将变得毫无意义。

让员工切身感受到公司对自己的重视当然可谓举足轻重。然而，留住客人才是酒店存续的前提，客人是最重要的，这一点同样需要花时间细细斟酌。

5.13

规则究竟是为了企业还是为了顾客？

前几天，我与人约好在名古屋附近的一家酒店休息室碰头，顺便吃午餐。拿到菜单一看，发现只有三明治供应。对方便向身着美丽和服的女侍者询问：

"旁边的咖啡厅在举办咖喱展销会，我们能不能在这间休息室吃咖喱饭呢？"

这位女侍者满脸微笑地回答道：

"实在不好意思。我们这边提供的餐品只有三明治。"

同样的事情若发生在丽思卡尔顿，恐怕 3 分钟之后我们就能一边交谈，一边对着美味的咖喱饭大块朵颐了。

那么，我们来分析一下。

这位女侍者有没有犯下错误呢？实际上她并没有做错，作为一名优秀的员工，她严格遵守了公司制定的规则。

若论章程或规则的制定究竟是基于何人何事，其实在大多数情况下都不是为了顾客。配置了多间餐厅或休息室的酒店在设计菜单时，以追求经济性和高效性为主。员工则严格遵守规定。酒店内部的指示命令系统因此处于有效运转状态。

那么，若将自己置于客人的立场，必然不希望酒店将这些条条框框强加在自己身上。客人耗费时间和金钱来到酒店是为了享受服务，而且还打算投入更多金钱在此用餐。

或许，这位女侍者也曾想过为我们端上咖喱饭。不过如果满足了我们的要求，其他桌子的客人就可能会表示不满。确实很为难……

"我们有我们的规矩。总是按客人的想法来，岂不是没完没了！"

上司的斥责声仿佛在脑海中回响，无奈之下她只能对我们说抱歉。

5.14

薪酬是"汽油"，亲切的话语是"润滑油"

拖拉机是做农活必不可少的设备。利用汽油驱动引擎，通过发动机将动力传递给车轮，结构十分简单。若拖拉机的发动机或车轴与车轮的连接部分缺少润滑油（机油），每天持续不断地工作，将会产生什么后果呢？

零件之间磨损发热，拖拉机很快会出现故障而不能使用。

因此农户会定期进行检查，往需要的部分注入润滑油，随时调整机械的状态，确保拖拉机发挥出原本的力量。

若以企业而言，汽油相当于薪酬、人生价值或工作目的等。

那么，是否只要供应上述"汽油"，人就能持续工作呢？拿着足够的薪酬，维持家庭生计，被家人所依赖，还承担着工作责任和压力。然而，对于公司难免还是感到拘束，对团队无法产生喜爱、热情或依恋等情感，抱有这种想法的人其实很多。

原因或许在于缺少足够的润滑油。那么，团队的润滑油具体是指什么呢？

我想，一句基于体贴、关怀或慈爱的"亲切话语"足矣。

在下属或同事因工作而焦头烂额时，为他们送上一句宽慰的话语。

这些话语将渗透内心的各个角落，在融洽人际关系上能发挥不可估量的作用。

企业最珍贵的财产是员工。为帮助员工更好地工作，支持员工的成长，润滑油的使用绝不可吝惜。

而且，这种润滑油完全不需要任何成本。

第6章

服务始于人与人的对话

6.1

过去的酒店员工在客人的调教下成长

过去，不少酒店员工都是受客人的调教和训练而逐渐成长的。当我还在酒店管理学校学习时，首次实习的地点是旧麻布公主酒店（现在的芬兰大使馆）。

这家酒店低调而隐蔽，光顾的客人大多是熟客，而且往往十分挑剔。

"我说你呀，这样泡红茶会让茶香都跑光了。酒店的独家泡法还没学会吗？至少跟经理学会了基本知识之后再来服务客人哪。"

"刚才我正在跟客人谈生意，你不能在这种关键时刻跟我搭话。太没有眼力见儿了。真是的，以前的服务员可机灵多了，这种情况一看就懂。"

自己是实习生等借口在这里完全不管用。与分配到其他酒店的同伴相比，我觉得自己很幸运。大型酒店对实习生的工作（简单作业）有严格的限制。

年轻时要吃得苦中苦，这是我们这一代人接受的教育。当时最苦最累、大家不愿意干的活儿我都会主动去做。即使在顾客面前犯错，被训斥责骂，也毫不气馁，而是屡败屡试。

忠言着实逆耳。良药虽然苦口，却有着实实在在的功效。责骂虽然让人感觉如同针扎一般难受，但药效也会通过针头输送进体内。

过去的客人们会用长辈般的目光看待年轻的服务员，并出言提醒。因此感觉受益良多的服务员则会回应一句："谢谢您的指正。"并且，客人再次光临时，还会开口表扬之前训斥过的服务员："有进步啊！"

如今，这样的客人已经寥寥无几，能感受到上述互动乐趣的服务员也越来越少，这实在是令人遗憾呢。

6.2

"关爱和体贴"能促进团队和个人的成长

新渡户稻造的《武士道》中有这样一句话：

"爱、宽容、爱情、同情、怜悯，自古以来就被当作最高的美德，即被认为是人的精神属性中最高尚的东西。"——这是一种既古老且最新颖的感性。

在丽思卡尔顿的 Line Up 中登场的美国思想家爱默生有一句名言：

"能直达人们内心深处，治愈所有疾病的音乐，其实是充满关怀的温言暖语。"

泡沫经济时期的跳槽动机大多是薪酬或待遇。只要薪资或福利待遇足够好，人们便会频繁跳槽。

若在经济萧条时跳槽，动机又是什么呢？我想应该是薪资以外的无形报酬，如工作的价值或生活的意义、与同伴一起为梦想奋斗的时光等看不见的东西。1983 年，丽思卡尔顿的 5 位创始人抛下名誉、地位聚集在一起的动机正是如此。

前往考虑跳槽的公司拜访时，亲耳听到上司对下属的暖心宽慰，能产生一种不可名状的安心感，比面试时听对方强调100次企业风气之好更有效。

"雷曼事件"发生以来，通过各种各样的途径，考虑跳槽或不得已转业的人大量增加。即便没有这次事件的影响，在这个时代，人与人之间的联系也逐渐变得越来越薄弱。

因此，在这种时代背景下，我们更应该创造一个激发员工积极性的、温馨的职场氛围。暖心的话语或温柔的笑容绝不可能出现在丧失工作积极性的员工身上。

让顾客产生"这家酒店的氛围真好，温暖舒心"等感受的本质，其实均源于员工散发的活力与生机。

6.3

紧密联结的团队，上下一致的想法

强大的团队意味着企业的使命或目标自高层起，在中层管理者、服务现场得以贯彻施行，并保持相同的水准和矢量。换言之，这样的企业可视为被一条牢固的纽带紧密联结的团队。

判断团队联系是否紧密的方法十分简单。以位于长野县伊那市的"伊那食品工业"为例，我与年轻的企业员工曾有过这样的对话：

"在工作中最尊敬的人是谁？希望自己成为什么样的人呢？"

"最尊敬的是我们的会长和上司。希望成为前辈那样能干的人。"

这组问答充分说明了团队联系之紧密。联结团队的根源究竟是什么呢？我想应该是领导者对于员工的关爱、同事之间的相互尊重，以及对一切心怀感恩的念头吧。

据说现在人们考虑跳槽时，即使薪资低，只要被企业的目

145

标或哲学吸引，就会考虑入职的例子正在增加。

在经济萧条时，依然能靠企业的目标、哲学或理念而紧密联结的团队才是真正强大的。

6.4

言语是行动的开端。早上发现下雨，不妨试着说一句"真是及时雨啊"

佐藤富雄先生是我的导师之一，著有《改变自己的魔法口头禅》（KANKI 出版）等作品，以"口头禅理论"而闻名。与先生认识不久时，先生教会我的一招，我一直忠实地执行至今。

即早上起床后，立刻打开窗户走到阳台上，并大声说三遍"今天也是美好的一天"。自己亲口说出的话语最先进入自己耳中，据说能对人产生直接影响。我们脱口而出的语言或许蕴含如此巨大的力量。

出门上班时发现外面正下着雨，若对着天空抱怨"湿漉漉的真讨厌哪"，那么接下来的一整天都是被雨淋湿而烦躁的一天。若看着盆中的绿植，感叹一句"真是及时雨啊"，那么映入眼中的街边盆栽也会呈现出被雨水滋润而欢快舞动的姿态。

在公司其实也一样。职场上大家每天交谈的内容，会对人们的行动产生极大影响。精神饱满的笑容与声音能让行动更加富有活力。反之，阴郁的气氛和有气无力的说话声只会让行动力低下，工作敷衍了事。

语言和行动形成习惯后，经过长时间的沉淀将转变为企业风气。受所用语言的影响，既有可能形成轻松明快、积极向上的风气，也有可能转变为压抑沉闷、僵化死板的风气。

"对一切表示感谢"的价值观是丽思卡尔顿的企业文化之一。顾客自不必说，对自己的同事、同业者（合作伙伴）也要表示感谢，对自己所处的职场及工作机会也要心存感激。

总而言之，要将"谢谢"挂在嘴边，一天之中尝试说数十次。

6.5

只顾眼前利益将因小失大

卡帕鲁亚·丽思卡尔顿位于夏威夷毛伊岛的西北部。这家建在小山丘上的酒店耗资数亿美元，实际上在开工后不久就遇到了问题。

酒店开发过程中竟然从地下挖出了大量遗骨。动工后才发现原来此处是一片当地人都不知道的墓地。

接下来该怎么做呢？领导层立即召开了会议。

酒店的开发当时由日商岩井和丽思卡尔顿共同负责。若双方同意将遗骨悄悄运往别处，酒店施工便可继续进行，这样成本更低，效率更高。然而，无论是日商岩井还是丽思卡尔顿，均将此处视为"神圣的山丘"。双方一致决定将挖出来的遗骨重新安葬，将山丘恢复原貌，并邀请当地的祈祷师，经过岛民的允许后，举行了一场安魂仪式。

此外，日商岩井的负责人与丽思卡尔顿的开发人员还对设计图全面进行了修改。最终决定将酒店建在高出原址数百米的山丘上。从投资的角度来看，这个决策将造成巨额的损失。

不过，比起经济损失，这项举措带来的其他效应更让人惊喜。首先，极大地赢得了当地人对丽思卡尔顿的好感。

以此为契机，当地人对丽思卡尔顿的所有活动均表示支持，教会及高尔夫球场等少数反对派也发生了巨大改观。

6.6

人的成长不可一厢情愿，要在环境中才能成长

打高尔夫球是我的一项业务爱好，要提高自己的水准，买这些书阅读是否有用呢？

《让你在 2 个月之内成为石川辽》

《2 个月教会你宫里蓝的技巧》

即使读完了这些书，我在两个月之内成为石川辽或宫里蓝的概率仍为"0"。

厨师领域又如何呢？从未听闻有哪位大厨是通过书本达到世界一流水准的。

一流人才的诞生必然是长时间的训练和大量悉心实践共同作用的结果。

那么，书店架子上摆放着数十本关于人才培养的图书便值得我们深思："培养人才"——这个立足点究竟是否正确？

只有自己发自内心地想要成长时，人才能成长。这就表示，

"成长"或"不成长"其实是自主选择。"培养"的说法实际上并不恰当。我们首先要从这里开始修正思维轨道。

以学校教育为例，在知识的增长上确实能发挥助力。不过，与人自身成长之间的关联性却不得而知。就当今社会看来，偏差值①较高的学生未必就有远大志向或从事更好的职业。

企业应该思考的是，为有"成长意愿"的员工提供"具备条件的成长环境"。具体来说，需为员工充分提供增加知识、经验或能力的教育培训机会。

纽约的调酒师多如繁星。但不知为何，人们却对丽思卡尔顿的调酒师诺曼情有独钟。我想至少不单是因为鸡尾酒的美味吧。

诺曼将自己的使命定义为"让顾客度过一段欢乐的时光"。从他身上，客人们能感受到工作带来的快乐，继而也被快乐感染。

---

① 偏差值：指相对平均值的偏差数值，是日本对于学生智能、学力的一项计算公式值，被广泛作为学习能力的判断标准。

6.7

创始人舒尔茨与丽思卡尔顿的成长

"企业的发展空间不可能超出领导者的胸怀。"——这是放之四海而皆准的真理。

现在的丽思卡尔顿于 1983 年诞生于美国佐治亚州的亚特兰大。之后，仅用 25 年时间便发展至世界各地，开设了 70 多家分店、高端住宅，乃至高尔夫球场。就这种级别的酒店而言，发展势头堪称非比寻常。

那么，丽思卡尔顿究竟是如何做到的呢？

归根结底，原因在于创始人霍斯特·舒尔茨先生宽广的胸怀。具体来说，胸怀指的是"心怀梦想""志存高远"以及一呼百应的"人格魅力"。

据说舒尔茨先生在丽思卡尔顿的初期发展阶段，便已在脑海中清晰描绘了迈向世界的蓝图。其实，在美国发展至 10 家分店，酒店走上正轨后售出也无可厚非。然而，舒尔茨先生从一开始便下定决心："我们的目标是做到服务领域的世界第一。"

6.8

基于双赢（win-win）理念的服务形态

2009 年年底，我收到了某家大型住宅销售企业员工的来信。信中提到某家销售业绩长期垫底的分店，竟然在短时间之内取得了关东地区第一的成绩。

据说这名员工偶然间参加了我的演讲会，并在返回的途中专门给这家分店的店长打电话，向他推荐了我之前的作品《丽思卡尔顿酒店的不传之秘：超越服务的瞬间》。

这位店长刚开始十分不情愿，推说没有时间看书、业务太忙等，勉强翻开阅读后，态度却一下子发生了极大转变。第二天，他立即为分店的所有员工购买了此书，并在当天暂停营业，召集员工们一起闭门阅读。当然，分店的这种举措可谓前所未有。

读完后，针对如何让书中的内容为己所用，大家畅所欲言，从经验丰富的营业员到刚进公司的女办事员都纷纷发表意见。自第二天起，店内的工作氛围便令人耳目一新。以周末偶然骑自行车光顾的老年夫妇为例。过去，员工们根本不会注意到这对夫妇所骑的自行车已经沾满了灰尘和泥土。现在，店长却意识到，自行车或许是客人为了来自己店里而弄脏的，于是忍不住动手将自行车清理干净了，顺便还为车胎打足了气。老夫妇发现后惊喜异常，握着店长的手道谢，然后满意而归。

再比如一对年轻夫妻，清早双方商谈时提了一句"肚子有点饿了，等会儿咱们去吃点东西吧"，无意中听见的女员工便立即飞奔到附近有名的面包店，买了美味的点心面包和咖啡送给客人："您要不要尝尝看？这种面包真的很好吃。"对此，最感到震惊的却是店长。

店内压抑沉闷的空气一扫而空，员工们在工作中充满干劲和活力。过去一味地向客人推销的方法并不管用。自从真正为客人着想后，客人们反而慷慨解囊。

这无疑是让人深切感受到"双赢（win-win）"的瞬间。

6.9

重要的事情先处理（First thing, first!）

史蒂芬·柯维博士在名作《高效能人士的七个习惯》中强调："First thing, first!（重要的事情先处理）。"

对于自己的企业而言最重要的是什么？企业的领导者需要常常自问自答。答案也许是顾客满意度、员工的幸福、销售能力或商品开发能力等。

那么，假设我们得出的答案是"追求顾客满意度最重要"，便可尝试进行验证。

即"对于企业而言最重要的事物是否真正得以执行"。例如验证企业内部会议等是否按照"追求顾客满意度"的方向推进。每次的会议是否从营业成绩或收益等内容切入，且直到会议结束都在围绕销售额讨论。

若真正以顾客为重，会议首先讨论的应该是顾客通过电话或邮件发送的要求或投诉。嘴上喊着"顾客至上"，会议过程中却只关注销售额。由此可见，顾客满意度只不过是幌子，利益至上主义才是企业真正的目标，而这一点迟早会被员工察觉。

员工将意识到企业注重的并非顾客满意度，而是提高收益。一旦有了这样的认知，那么企业高层无论如何摇旗呐喊，号召员工重视顾客，也无法得到回应。员工同样会以利益优先。

相反，针对"企业最重要的事物是什么"这一问题，价值观保持一致的团队更强大。员工们均能准确把握自己的角色，在工作中不会表现出犹豫或迷茫。

不仅如此，企业领导者与员工之间也能建立起牢不可破的信任关系。

6.10

不要为做不到找理由

在工作中，"专业"与"业余"的区别是什么呢？

可列举的例子很多，在我看来，"不为做不到找理由"即为专业，"为做不到大量找借口"即为业余。

高尔夫的成绩无法突破 90 杆的原因我能举出很多。比如球杆的硬度，鞋子、手套或球的材质，路线或风力的影响，一起打球的同伴干扰，前一晚饮酒过量，等等。若问我是否努力尝试将一轮的成绩控制在 80 杆以内，其实并没有。

因为对我而言，高尔夫是我的个人兴趣，并不会引发任何问题。打不好的部分由我自己承担费用，即使被当作冤大头也心甘情愿。

然而，商业世界则截然不同。专业人员必须最大限度地发挥作用。在酒店的服务现场，例如在探讨会议或活动内容时，也会遇到许多乍一看极为不合理的要求。不知不觉中，大脑便会为做不到寻找理由。

很久以前，位于毛伊岛的丽思卡尔顿在接待某个超级 VIP 团时，曾发生一件事。为期两天的会议结束后，客人们希望包一艘大型游艇出海钓鱼。这倒不难满足。难办的是接下来的要求：

"必须确保大丰收。"

海是大自然的一部分，出海当天的潮汐状况或天气等因素难以预测，实在无法做出保证。然而，或许迫于客人们的强烈要求，负责人（旅行社的员工）坚持道："钓不到的话没法回日本。"

于是，作为专业员工的自尊心瞬间被点燃。特意提醒对方需要承担一切相关费用后，酒店预约了一架直升机，专门用于搜寻鱼群，继而向游艇的船长发出指令，从而使游艇不断靠近鱼群。

果不其然，大有所获！

6.11

使用人才的团队，发掘人才的团队

"那位部长实在是善于用人。

我们公司使用了 150 名员工。

要是能掌握一些用人技巧就好了……"

这里值得我们停下来思考。

作为企业，像使用农具、办公设备或木工器具一样，将人才视为工具进行"使用"的想法，究竟是否妥当呢？

丽思卡尔顿通常用"选择人才（Selection）"代替"雇用员工（Hiring）"来表达。

这两种说法的区别何在呢？

现在虽然已经消亡，但在过去的日本农村，大地主或庄头会将部分农民等同于牛马，在干农活时予以"使用"。而当牛做马的农民除了老老实实地干活，别无选择。

而现在的团队，包括农户在内，均有明确的理想（Vision）和任务（Mission）。并且，在朝着理想奋斗的过程中，各种各样的才能必不可少。故此，我们更要因材选人，积聚力量。这便是丽思卡尔顿使用"选择人才）"一词的理由。

这就意味着，员工并非任意驱使的对象，而是为我们提供才能的合作伙伴。

管理者的职责是，持续展示理想，灵活运用人才及资源，并不断强化团队结构，为企业发展提供保障。

基于这种信念的团队，无疑不应该产生"使用人才"的想法……

后　记

　　一直以来，我虽然在各个地方自治体，围绕服务精神开展了多场演讲和培训，但直至 2009 年，才第一次强烈感受到地方行政与自己的密切联系。这一年，我参加了 10 月份的长野市长竞选。长野是我的故乡。

　　当时，听过我的演讲或讲座的长野乡亲们积极呼吁：

　　"为了将长野市打造成充满服务精神、温暖人心的城市，希望高野先生能发挥在酒店行业培养的丰富感性，参加市长竞选。"

　　面对大家长达一年的殷切期望，"必须响应"——我硬着头皮、鼓起勇气做出了决定。内心虽然颇为忐忑，但我还是为坚持了 35 年的酒店人生画上了句号，毅然投入到完全未知的领域。

　　结果虽然败北而归，但通过短短一个多月的准备时间，最终仅以 651 票之差惜败。作为不被看好的"酱油"候选人，我竟然取得了意料之外的好成绩，靠的当然不是我的个人能力。或许，就连生性保守的长野市民，也有不少希望能"改变政府

162

机构"，认为"为长野注入新活力的时机已经到来"。

也就是说，为描绘地方活性化的蓝图，我一直以来提倡的"实现服务型社会"的梦想赢得了大家的支持。

这与我在丽思卡尔顿酒店的舞台上不断追求的服务形式、领导能力等方面可谓如出一辙。

每个人都怀有一颗珍视企业、家乡以及同伴的真心。这才是一切的出发点。

在未来，包括行政领域在内，对于医疗、流通、金融、教育、制造等所有的行业或企业而言，"超越服务的瞬间"——"服务精神的实现"都将成为越来越重要的关键词。

另外，"服务精神"的精髓在于亲身采取行动。

我们可从力所能及的小事开始，如主动打招呼、打扫卫生、说一句关怀的话语等。只需比过去更用心，就一定能发现许多动人的故事。

这便是"积极回归原点"的真正含义，即回归"世上的一切事物都建立在人与人之间的联系上"这一原点。

真心祈愿幸福欢乐常伴大家及身边的人左右！

作者简介

高野 登

◉1953 年，出生于日本长野县户隐。从酒店管理学校毕业后，赴美国纽约发展，投身于酒店行业。1982 年，如愿进入憧憬已久的纽约广场酒店（The Plaza New York）工作，之后先后在洛杉矶博纳旺蒂尔酒店（Hotel Bonaventure）、旧金山费尔蒙酒店（Fairmont San Francisco）等担任经理职务。

◉1990 年，参与支援了以丽思卡尔顿旧金山分店为首的玛丽安德尔湾、亨廷顿、悉尼等多家分店的筹备工作，同时协助设立日本分部。1993 年于火奴鲁鲁设立办公室。1994 年任日本分社社长并返回日本，负责统筹丽思卡尔顿在日本市场的经营及相关业务活动，并在 1997 年丽思卡尔顿大阪分店、2007 年东京分店的筹备中发挥了重要作用。

◉作品《丽思卡尔顿酒店的不传之秘：超越服务的瞬间》《丽思卡尔顿酒店的不传之秘：纽带诞生的瞬间》（已由东方出版社出版）被誉为"服务行业的圣经"，日语版作为畅销书和长销书在日本热卖 30 万册以上。除服务行业之外，还被企业、医院、学校、地方自治体等引为教材广泛阅读。目前，高野先生以分享丽思卡尔顿的成功经验为中心，作为"服务精神的传道士"，多次受邀举办企业再造、人才培养、企业内部培训等方面的讲座。

◉ "打造服务型市政府！"在被高野先生的演讲打动的众多长野市民的呼声中，经过一年的筹备，高野先生于 2009 年申请参加市长竞选。尽管准备时间十分仓促，距离投票日只剩一个多月，但他最终仅以 651 票之差惜败当选者。由此可见服务精神也是地方行政转型的诉求。

关于"服务的细节丛书"介绍：

东方出版社从 2012 年开始关注餐饮、零售、酒店业等服务行业的升级转型，为此从日本陆续引进了一套"服务的细节"丛书，是东方出版社"双百工程"出版战略之一，专门为中国服务业产业升级、转型提供思想武器。

所谓"双百工程"，是指东方出版社计划用 5 年时间，陆续从日本引进并出版在制造行业独领风骚、服务业有口皆碑的系列书籍各 100 种，以服务中国的经济转型升级。我们命名为"精益制造"和"服务的细节"两大系列。

我们的出版愿景："通过东方出版社'双百工程'的陆续出版，哪怕我们学到日本经验的一半，中国产业实力都会大大增强！"

到目前为止"服务的细节"系列已经出版 103 本，涵盖零售业、餐饮业、酒店业、医疗服务业、服装业等。

更多酒店业书籍请扫二维码

了解餐饮业书籍请扫二维码

了解零售业书籍请扫二维码

"服务的细节" 系列

《卖得好的陈列》：日本"卖场设计第一人"永岛幸夫
定价：26.00 元

《为何顾客会在店里生气》：家电卖场销售人员必读
定价：26.00 元

《完全餐饮店》：一本旨在长期适用的餐饮店经营实务书
定价：32.00 元

《完全商品陈列 115 例》：畅销的陈列就是将消费心理可视化
定价：30.00 元

《让顾客爱上店铺 1——东急手创馆》：零售业的非一般热销秘诀
定价：29.00 元

《如何让顾客的不满产生利润》：重印 25 次之多的服务学经典著作
定价：29.00 元

《新川服务圣经——餐饮店员工必学的 52 条待客之道》：日本"服务之神"新川义弘亲授服务论
定价：23.00 元

《让顾客爱上店铺 2——三宅一生》：日本最著名奢侈品品牌、时尚设计与商业活动完美平衡的典范
定价：28.00 元

《摸过顾客的脚才能卖对鞋》：你所不知道的服务技巧，鞋子卖场销售的第一本书

定价：22.00 元

《繁荣店的问卷调查术》：成就服务业旺铺的问卷调查术

定价：26.00 元

《菜鸟餐饮店 30 天繁荣记》：帮助无数经营不善的店铺起死回生的日本餐饮第一顾问

定价：28.00 元

《最勾引顾客的招牌》：成功的招牌是最好的营销，好招牌分分钟替你召顾客！

定价：36.00 元

《会切西红柿，就能做餐饮》：没有比餐饮更好做的卖卖！ 饭店经营的"用户体验学"。

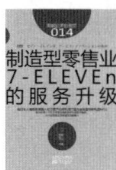

定价：28.00 元

《制造型零售业——7-ELEVEn 的服务升级》：看日本人如何将美国人经营破产的便利店打造为全球连锁便利店 NO.1！

定价：38.00 元

《店铺防盗》：7 大步骤消灭外盗，11 种方法杜绝内盗，最强大店铺防盗书！

定价：28.00 元

《中小企业自媒体集客术》：教你玩转拉动型销售的 7 大自媒体集客工具，让顾客主动找上门！

定价：36.00 元

《敢挑选顾客的店铺才能赚钱》：日本店铺招牌设计第一人亲授打造各行业旺铺的真实成功案例

定价：32.00 元

《餐饮店投诉应对术》：日本 23 家顶级餐饮集团投诉应对标准手册，迄今为止最全面最权威最专业的餐饮业投诉应对书。

定价：28.00 元

《大数据时代的社区小店》：大数据的小店实践先驱者、海尔电器的日本教练传授小店经营的数据之道

定价：28.00 元

《线下体验店》：日本 "体验式销售法"第一人教你如何赋予 O2O 最完美的着地！

定价：32.00 元

《医患纠纷解决术》：日本医疗服务第一指导书，医院管理层、医疗一线人员必读书！ 医护专业入职必备！
定价：38.00 元

《迪士尼店长心法》：让迪士尼主题乐园里的餐饮店、零售店、酒店的服务成为公认第一的，不是硬件设施，而是店长的思维方式。
定价：28.00 元

《女装经营圣经》：上市一周就登上日本亚马逊畅销榜的女装成功经营学，中文版本终于面世！
定价：36.00 元

《医师接诊艺术》：2 秒速读患者表情，快速建立新赖关系！ 日本国宝级医生日野原重明先生重磅推荐！
定价：36.00 元

《超人气餐饮店促销大全》：图解型最完全实战型促销书，200 个历经检验的餐饮店促销成功案例，全方位深挖能让顾客进店的每一个突破点！
定价：46.80 元

《服务的初心》：服务的对象十人百样，服务的方式千变万化，唯有，初心不改！
定价：39.80 元

《最强导购成交术》：解决导购员最头疼的 55 个问题，快速提升成交率！
定价：36.00 元

《帝国酒店——恰到好处的服务》：日本第一国宾馆的 5 秒钟魅力神话，据说每一位客人都想再来一次!
定价：33.00 元

《餐饮店长如何带队伍》：解决餐饮店长头疼的问题——员工力！ 让团队帮你去赚钱！
定价：36.00 元

《漫画餐饮店经营》：老板、店长、厨师必须直面的 25 个营业额下降、顾客流失的场景
定价：36.00 元

《店铺服务体验师报告》：揭发你习以为常的待客漏洞　深挖你见怪不怪的服务死角　50 个客户极致体验法则
定价：38.00 元

《餐饮店超低风险运营策略》：致餐饮业有志创业者＆计划扩大规模的经营者＆与低迷经营苦战的管理者的最强支援书
定价：42.00 元

《零售现场力》：全世界销售额第一名的三越伊势丹董事长经营思想之集大成，不仅仅是零售业，对整个服务业来说，现场力都是第一要素。

定价：38.00 元

《别人家的店为什么卖得好》：畅销商品、人气旺铺的销售秘密到底在哪里？ 到底应该怎么学？ 人人都能玩得转的超简明 MBA

定价：38.00 元

《顶级销售员做单训练》：世界超级销售员亲述做单心得，亲手培养出数千名优秀销售员！ 日文原版自出版后每月加印 3 次，销售人员做单必备。

定价：38.00 元

《店长手绘 POP 引流术》：专治"顾客门前走，就是不进门"，让你顾客盈门、营业额不断上涨的 POP 引流术！

定价：39.80 元

《不懂大数据，怎么做餐饮？》：餐饮店倒闭的最大原因就是"讨厌数据的糊涂账"经营模式。

定价：38.00 元

《零售店长就该这么干》：电商时代的实体店长自我变革。

定价：38.00 元

《生鲜超市工作手册蔬果篇》：海量图解日本生鲜超市先进管理技能
定价：38.00 元

《生鲜超市工作手册肉禽篇》：海量图解日本生鲜超市先进管理技能
定价：38.00 元

《生鲜超市工作手册水产篇》：海量图解日本生鲜超市先进管理技能
定价：38.00 元

《生鲜超市工作手册日配篇》：海量图解日本生鲜超市先进管理技能
定价：38.00 元

《生鲜超市工作手册副食调料篇》：海量图解日本生鲜超市先进管理技能
定价：48.00 元

《生鲜超市工作手册 POP 篇》：海量图解日本生鲜超市先进管理技能
定价：38.00 元

《日本新干线 7 分钟清扫奇迹》：我们的商品不是清扫，而是"旅途的回忆"
定价：39.80 元

《像顾客一样思考》：不懂你，又怎样搞定你?
定价：38.00 元

《好服务是设计出来的》：设计，是
对服务的思考
定价：38.00 元

《让头回客成为回头客》：回头客才
是企业持续盈利的基石
定价：38.00 元

《餐饮连锁这样做》：日本餐饮连锁
店经营指导第一人
定价：39.00 元

《养老院长的 12 堂管理辅导课》：
90%的养老院长管理烦恼在这里都能
找到答案
定价：39.80 元

《大数据时代的医疗革命》：不放过
每一个数据，不轻视每一个偶然
定价：38.00 元

《如何战胜竞争店》：在众多同类型
店铺中脱颖而出
定价：38.00 元

《这样打造一流卖场》：能让顾客快
乐购物的才是一流卖场
定价：38.00 元

《店长促销烦恼急救箱》：经营者、
店长、店员都必读的"经营学问书"
定价：38.00 元

《餐饮店爆品打造与集客法则》：迅速提高营业额的"五感菜品"与"集客步骤"
定价：58.00元

《赚钱美发店的经营学问》：一本书全方位掌握一流美发店经营知识
定价：52.00元

《新零售全渠道战略》：让顾客认识到"这家店真好，可以随时随地下单、取货"
定价：48.00元

《良医有道：成为好医生的100个指路牌》：做医生，走经由"救治和帮助别人而使自己圆满"的道路
定价：58.00元

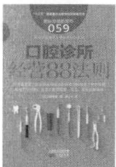

《口腔诊所经营88法则》：引领数百家口腔诊所走向成功的日本口腔经营之神的策略
定价：45.00元

《来自2万名店长的餐饮投诉应对术》：如何搞定世界上最挑剔的顾客
定价：48.00元

《超市经营数据分析、管理指南》：来自日本的超市精细化管理实操读本
定价：60.00元

《超市管理者现场工作指南》：来自日本的超市精细化管理实操读本
定价：60.00元

《超市投诉现场应对指南》：来自日本的超市精细化管理实操读本
定价： 60.00元

《超市现场陈列与展示指南》
定价： 60.00元

《向日本超市店长学习合法经营之道》
定价： 78.00元

《让食品网店销售额增加10倍的技巧》
定价： 68.00元

《让顾客不请自来！卖场打造84法则》
定价： 68.00元

《有趣就畅销！商品陈列99法则》
定价： 68.00元

《成为区域旺店第一步——竞争店调查》
定价： 68.00元

《餐饮店如何打造获利菜单》
定价： 68.00元

《日本家具 & 家居零售巨头 NITORI 的成功五原则》
定价： 58.00 元

《咖啡店卖的并不是咖啡》
定价： 68.00 元

《革新餐饮业态： 胡椒厨房创始人的突破之道》
定价： 58.00 元

《餐饮店简单改换门面， 就能增加新顾客》
定价： 68.00 元

《让 POP 会讲故事， 商品就能卖得好》
定价： 68.00 元

《经营自有品牌： 来自欧美市场的实践与调查》
定价： 78.00 元

《卖场数据化经营》
定价： 58.00 元

《超市店长工作术》
定价： 58.00 元

《习惯购买的力量》

定价： 68.00 元

《7-ELEVEn 的订货力》

定价： 58.00 元

《与零售巨头亚马逊共生》

定价： 58.00 元

《下一代零售连锁的 7 个经营思路》

定价： 68.00 元

《唤起感动： 丽思卡尔顿酒店“不可思议” 的服务》

定价： 58.00 元

《7-ELEVEn 物流秘籍》

定价： 68.00 元

《价格坚挺， 精品超市的经营秘诀》

定价： 58.00 元

《超市转型： 做顾客的饮食生活规划师》

定价： 68.00 元

《连锁店商品开发》

定价： 68.00 元

《顾客爱吃才畅销》

定价： 58.00 元

《便利店差异化经营——罗森》

定价： 68.00 元

《餐饮营销 1： 创造回头客的 35 个开关》

定价： 68.00 元

《餐饮营销 2： 让顾客口口相传的 35 个开关》

定价： 68.00 元

《餐饮营销 3： 让顾客感动的小餐饮店"纪念日营销"》

定价： 68.00 元

《餐饮营销 4： 打造顾客支持型餐饮店 7 步骤》

定价： 68.00 元

《餐饮营销 5： 让餐饮店坐满女顾客的色彩营销》

定价： 68.00 元

《餐饮创业实战 1： 来， 开家小小餐饮店》

定价： 68.00 元

《餐饮创业实战 2： 小投资、 低风险开店开业教科书》

定价： 88.00 元

《餐饮创业实战 3： 人气旺店是这样做成的！》

定价： 68.00 元

《餐饮创业实战 4： 三个菜品就能打造一家旺店》

定价： 68.00 元

《餐饮创业实战 5： 做好"外卖"更赚钱》

定价： 68.00 元

《餐饮创业实战 6： 喜气的店客常来， 快乐的人福必至》

定价： 68.00 元

更多本系列精品图书，敬请期待！